FACULTÉ DE DROIT DE PARIS

OBSERVATIONS DE LA FACULTÉ

SUR LA

PROPOSITION DE M. DELSOL

RELATIVE

AUX DROITS DE SUCCESSION DE L'ÉPOUX SURVIVANT.

PARIS,
CHARLES DE MOURGUES FRÈRES,
Imprimeurs de la Faculté de Droit de Paris,
RUE JEAN-JACQUES-ROUSSEAU, 58.
1874.

FACULTÉ DE DROIT DE PARIS.

OBSERVATIONS DE LA FACULTÉ

SUR LA

PROPOSITION DE M. DELSOL,

RELATIVE

AUX DROITS DE SUCCESSION DE L'ÉPOUX SURVIVANT.

MONSIEUR LE GARDE DES SCEAUX,

La Faculté de Droit de Paris vous remercie de l'avoir consultée sur la proposition, faite à l'Assemblée nationale par M. Delsol, de modifier les droits de l'époux survivant dans la succession de son conjoint. Si ce projet est converti en loi, la Faculté sera heureuse d'avoir été associée à une réforme que plusieurs de ses membres ont, depuis longtemps, réclamée dans leurs leçons ou dans leurs écrits.

La Faculté aura l'honneur, Monsieur le Ministre, de vous exposer, d'abord, les motifs qui la font adhérer au principe et à plusieurs dispositions du projet de M. Delsol; elle vous soumettra, en second lieu, les raisons qu'elle aperçoit de modifier ou de compléter la proposition de l'honorable député. Enfin, la Faculté vous adressera le vœu que, sur un point connexe au projet, la succession du conjoint aux droits d'auteurs, la loi du 14 juillet 1866 soit modifiée.

PREMIÈRE PARTIE.

La Faculté adhère à la proposition de M. Delsol sur les points suivants :

I. — L'époux survivant succédera à son conjoint, en concours avec les parents légitimes ou naturels de celui-ci.

II. — L'époux survivant ne sera point héritier; il n'aura pas la saisine.

III. — Il n'aura pas droit à une réserve.

IV. — L'époux contre lequel la séparation de corps aura été prononcée, ne succédera pas à son conjoint.

V. — Si le premier mourant des époux laisse des enfants nés d'un précédent mariage, l'usufruit du survivant sera d'une part d'enfant légitime le moins prenant, sans que cette part puisse excéder le quart des biens.

VI. — Si le prédécédé laisse des ascendants dans les deux lignes, le conjoint survivant aura l'usufruit de la moitié de la succession.

La Faculté ne s'est pas toujours prononcée à l'unanimité en faveur des dispositions du projet que nous venons de rappeler. Le rapport fera connaître les motifs des opinions diverses qui se sont produites.

Deux membres de la Faculté ont combattu le principe même du projet de M. Delsol; ils refusent d'appeler l'époux survivant à la succession de l'époux prédécédé, en concours avec les parents légitimes ou naturels du *de cujus*, dans le cas du moins où ces successeurs sont de proches parents; le conjoint, dans ce cas, ne pourrait réclamer que des aliments.

I. — Concours du conjoint survivant avec les parents de l'époux prédécédé.

Il est grave, a-t-on dit, de toucher à la loi des successions. La nécessité de modifier cette loi en faveur du conjoint n'est pas démontrée. Il arrive rarement que le survivant demeure privé de ressources à côté d'une riche succession laissée par son conjoint. En France, les fortunes des deux époux sont, le plus souvent, à peu près égales. La communauté de biens n'est-elle pas d'ailleurs le régime légal de droit commun ; n'est-elle pas, en fait, le régime ordinaire? Les contrats de mariage règlent définitivement, et suivant les convenances des deux familles, tout ce qui concerne les intérêts pécuniaires des époux. La loi actuelle admet dans ces contrats, avec une faveur exceptionnelle, et, après le mariage, permet entre époux des libéralités qui peuvent même, dans certains cas, dépasser la quotité disponible ordinaire; le Code se repose sur les époux du soin d'assurer réciproquement l'existence du survivant. Ce système est mieux en harmonie avec la nature consensuelle du mariage, que le système ancien du douaire, de l'augment de dot, du contre-augment, et que le système moderne du droit légal de succession. La vocation tacite du survivant mettra le premier mourant, qui voudra laisser à sa famille la pleine propriété de ses biens, dans la nécessité de dépouiller expressément son conjoint de sa part héréditaire. S'il recule de jour en jour devant cette rigoureuse manifestation de volonté, il mourra, gêné par la loi, sans avoir assuré la réalisation de ses intentions. S'il triomphe de sa répugnance, il causera une sorte de scandale que ne produit pas aujourd'hui le silence du premier mourant, parce que l'oubli ou d'incessantes remises au lendemain suffisent à expliquer ce silence. Enfin, a-t-on pensé aux inconvénients pratiques que produiront ces droits d'usufruit, multipliés à l'infini, qui pèseront sur le patrimoine de chaque famille? Quelle source de difficultés dans le règlement des successions! Quelle cause de ralentissement dans la circulation des biens!

Quelle entrave apportée, au préjudice de la fortune publique, à la bonne gestion ou exploitation des maisons et des terres! La jouissance sera, pendant plusieurs années, aux mains de personnes âgées qui, tout au plus, conserveront, mais qui, certainement, ne songeront pas à améliorer. Les héritiers, réduits dans le présent à la nue propriété, ayant en perspective les avances qu'il faudra faire un jour pour remettre les biens en valeur, en viendront à vendre, aux plus mauvaises conditions, la nue propriété des biens héréditaires.

Ces objections n'ont pas ébranlé la foi de la Faculté dans la nécessité d'une réforme, réclamée au nom de la logique et surtout au nom de la justice.

L'exposé des motifs de la loi des successions du Code civil commence ainsi : « Législateurs, le Gouvernement vous présente, par notre organe, « le projet de loi sur les successions, c'est-à-dire le testament présumé de « toute personne qui décéderait sans avoir valablement exprimé une vo- « lonté différente. . . . .

« Vous concevez, législateurs, combien il importe de se pénétrer de « toutes les affections naturelles et légitimes lorsqu'on trace un ordre de « succession : on dispose pour tous ceux qui meurent sans avoir disposé; « la loi présume qu'ils n'ont eu d'autre volonté que la sienne. Elle doit « donc prononcer comme eût prononcé le défunt lui-même au dernier « instant de sa vie, s'il eût pu ou s'il eût voulu s'expliquer. Tel est l'esprit « dans lequel doit être méditée une bonne loi sur cette matière. Que cha- « cun descende dans son propre cœur, il y trouvera gravé en caractères « ineffaçables le véritable ordre de succéder. . . . . (1) »

Dans la pensée des auteurs du Code, le devoir, non moins que l'affection, devait inspirer le testament exprès et, par suite, le testament présumé ou la loi de succession.

---

(1) Fenet, *Recueil complet des travaux préparatoires du Code civil*, t. XII, p. 136.

Le Code a été infidèle à ces principes lorsqu'il n'a appelé le conjoint qu'après les parents du douzième degré et les enfants naturels. Cet oubli des droits du survivant des époux contraste avec les nombreuses dispositions de nos lois, qui protégent et honorent le mariage, vrai fondement de l'ordre social, selon la juste expression de Portalis (1). Aujourd'hui plus que jamais, la dignité du mariage doit être défendue par la loi contre les sophismes dont s'autorisent les mauvaises mœurs; cette dignité exige que, dans le silence du prédécédé, la loi n'inflige pas au survivant l'affront de ne rien conserver des biens dont il jouissait avec son conjoint.

Non-seulement la vocation de l'époux après tous les parents est illogique, mais elle est injuste, puisque le survivant a presque toujours contribué, au moins par son économie, à conserver et même à augmenter la fortune du prédécédé. Cette injustice éclate et elle blesse la conscience publique, lorsque le prédécédé laisse un patrimoine considérable et que le survivant, faute de biens personnels, tombe dans le dénûment.

On objecte que le plus souvent l'époux qui survit garde la moitié de la communauté.

Nous répondons, avec M. Delsol et avec notre collègue M. Boissonade (2), que la communauté est le régime de droit commun, mais qu'elle n'est pas le régime universel. Peut-être les époux, même domiciliés dans les anciens pays coutumiers, n'avaient-ils pas adopté la communauté. Dans le Midi et en Normandie, on se marie encore sous le régime dotal, on ne stipule pas toujours une communauté d'acquêts. Et alors, si c'est la femme qui survit, l'iniquité s'aggrave; la femme a contribué par les revenus de ses biens, par son travail, par son économie, à enrichir la succession de son mari; néanmoins elle y demeure étrangère.

Dira-t-on, avec le célèbre auteur qui avait, par avance, pris la défense du Code civil sur l'objet de la proposition : « Pourquoi les époux n'ont-

(1) *Exposé des motifs du titre du mariage,* Fenet, t. IX, p. 181.

(2) *Histoire des droits de l'époux survivant,* mémoire couronné par l'Institut, p. 536.

« ils pas préféré le régime de la communauté? Pourquoi ont-ils donné la « préférence au régime dotal que le Code Napoléon n'admet que comme « exception? » (1). — Il ne serait pas digne de la loi qui proclame la liberté des conventions matrimoniales, de punir le survivant pour n'avoir pas préféré, avec son conjoint, le régime de la communauté. Eussent-ils adopté ce régime, le sort du survivant ne serait peut-être pas meilleur. Toutes les communautés ne prospèrent pas. Et cependant le prédécédé peut laisser une fortune personnelle immobilière ou bien même une fortune mobilière réservée propre par la stipulation, chaque jour plus fréquente, de la communauté réduite aux acquêts. Dans la France coutumière, la femme commune en biens jouissait du douaire, même lorsqu'elle acceptait la communauté (2).

Mais, dit-on, le contrat de mariage aura, le plus souvent, pourvu au sort du survivant. Et si les futurs époux n'ont pas assuré réciproquement leur existence, « pourquoi ne l'ont-ils pas fait? (3) »

La loi reconnaît si bien que les parties sont excusables de n'avoir pas stipulé de gains de survie, que, dans le contrat de mariage qu'elle leur donne, elle ne suppose pas en faveur du survivant une stipulation de préciput. Il n'est pas bon, en effet, que les futurs époux, avant de se parfaitement connaître, dépouillent leurs familles par des libéralités irrévocables qu'ils pourront regretter plus tard.

Mais la loi multiplie, pour les époux, les formes de libéralités révocables! Le premier mourant, s'il eût voulu gratifier son conjoint, aurait disposé expressément en sa faveur! La libéralité expresse est mieux en harmonie avec la nature consensuelle du mariage et des rapports qu'il établit entre les époux, que la vocation tacite de la loi de succession.

---

(1) M. Troplong, *Des donations entre-vifs et des testaments*, t. II, n° 765. Junge *Préface du Contrat de mariage*, p. CXI.

(2) Pothier, *Traité du douaire*, n°s 12 et suivants. Compar. M. Boissonade, *loc. cit.*, p. 211 et 212.

(3) M. Troplong, *Des donations entre-vifs et des testaments*, t. II, n° 765.

Les auteurs de l'objection ne tiennent pas compte de la nature de l'homme qui meurt de caducité, comme le dit Labruyère, « sans avoir fait « ce testament qu'il projetait depuis trente années. » Et, d'ailleurs, combien de testaments perdus! combien de testaments annulés! On veut que chacun des époux ne puisse attendre la garantie de son avenir que d'une manifestation expresse de la volonté de son conjoint, et qu'il se préoccupe de mériter ce témoignage formel d'affection et de reconnaissance. Mais est-il bon, demande M. Delsol, « que la pensée des époux soit constamment « assiégée par des préoccupations d'avenir et n'est-il pas préférable que « la paix morale des familles trouve dans la loi sa source et sa garantie? « N'est-ce pas le meilleur moyen de protéger la faiblesse et de faire taire « la cupidité? (1) »

On insiste sur la nature consensuelle des relations entre époux; on déclare incompatible avec cette nature la vocation tacite de la loi de succession, qui ne se comprend qu'en faveur des personnes liées au *de cujus* par le sang.

L'objection prouverait trop : elle s'opposerait au droit de succession *ab intestat* que la loi accorde à l'adopté; elle empêcherait le conjoint de recueillir *ab intestat* les biens de son époux mort sans laisser de parents. A défaut de famille légitime ou naturelle, l'État seul aurait un titre dans le principe qui lui attribue les biens vacants. Sans doute, l'union des époux commence par le consentement; mais, chez un peuple surtout qui n'admet pas le divorce, ce lien est aussi fort que le lien de la parenté. Le déchirement, dont la séparation des époux par la mort nous donne incessamment le douloureux spectacle, montre à quelle profondeur les deux existences étaient attachées l'une à l'autre. Sur ce fait repose la présomption d'affection, qui est — M. Treilhard l'a dit — le principe même « d'une bonne loi « de succession. »

On craint qu'une exhérédation expresse n'inflige au survivant une hu-

(1) *Rapport fait au nom de la Commission d'initiative parlementaire*, p. 11.

miliation qui ne résulte pas aujourd'hui du silence du premier mourant : on croit que la liberté de l'époux sera gênée par sa répugnance pour une exclusion formelle qui fera plus ou moins scandale. L'objection serait embarrassante, s'il s'agissait de rétablir, contre l'époux, l'exhérédation proprement dite, abolie justement par nos lois modernes. Mais il ne paraît pas que telle soit la pensée de M. Delsol. Telle n'est pas, dans tous les cas, l'idée de la Faculté. Selon nous, le conjoint ne serait privé de ses droits de succession que par des libéralités conférées à d'autres personnes.

Faudrait-il donc abolir le droit de succession *ab intestat* de parents très-proches, et cependant non réservataires, comme les frères et sœurs, parce que le testateur, pour disposer de toute sa fortune au profit d'un parent plus éloigné, d'un ami, d'un établissement reconnu, a besoin d'une certaine énergie, et que ses dernières volontés, si elles écartent ses frères et sœurs, exciteront l'étonnement ou même donneront lieu à des critiques?

La Faculté est plus touchée de l'objection tirée des inconvénients que produirait, relativement à la paix des familles et aux intérêts économiques de la société, l'usufruit du conjoint répandu sur un si grand nombre de biens. Mais une disposition empruntée au Code civil italien, et dont la Faculté demandera plus loin l'insertion dans le projet, atténuerait beaucoup ces inconvénients, si elle ne les faisait disparaître.

Il est grave, a-t-on dit encore, de toucher au titre des successions ; il est dangereux, dans la mobilité si grande de nos institutions, de remettre en question, surtout à une époque troublée, une des lois de notre organisation sociale, une partie essentielle du Code civil, de la loi fondamentale, de l'une des lois, trop rares, que la nation presque tout entière accepte définitivement !

La Faculté répond qu'il est sage, après une expérience qui a duré déjà soixante-dix ans, de corriger les vices, désormais certains, de la législation. C'est compromettre le respect de la loi que de la laisser exposée à une juste et vive critique. Il n'est jamais trop tôt pour mettre fin à une injustice. Attendre une révision complète de la législation civile, ce serait ajourner indéfiniment la réforme, et fournir une arme aux novateurs téméraires. Ils savent s'emparer d'un défaut de la loi, généralement reconnu, pour battre en brèche la loi tout entière. Malgré le trouble des temps, le législateur de 1850 a prudemment enlevé, aux adversaires du régime dotal et aux partisans du divorce, les arguments que leur fournissaient la clandestinité des contrats de mariage et l'impossibilité du désaveu fondé uniquement sur la séparation de corps. En 1872, l'Assemblée nationale, pour mettre fin aux plaintes des créanciers de la faillite, a modifié les droits du locateur d'immeubles; et cependant la réforme touchait à une disposition importante du Code civil!

Ici, d'ailleurs, il ne s'agit pas complétement d'innover, mais plutôt de combler une lacune que l'on attribue communément à une inadvertance du conseiller Treilhard.

Malgré le silence du Code sur la quarte du conjoint pauvre, un des rédacteurs de ce Code, M. de Maleville a écrit que, d'après ce qui résulte du procès-verbal, l'équité et l'honneur du mariage autorisent suffisamment les tribunaux à se conformer à l'ancienne jurisprudence, le Code n'ayant statué que sur la propriété (1). MM. Delvincourt et Troplong n'ont pas reculé devant cette supposition hardie d'un droit qui n'est pas dans la loi (2). Sans aller jusque-là, nous sommes autorisés à dire que la réforme sera moins une nouveauté qu'un retour aux traditions. Les auteurs du Code entendaient conserver le droit du conjoint pauvre; mais ils ont omis de consacrer ce droit par un texte.

La Faculté est d'autant plus favorable au projet de M. Delsol, qu'elle est plus jalouse de voir notre loi civile se maintenir au rang que l'opinion

(1) *Analyse raisonnée de la discussion du Code civil*... 3e édition, t. II, p. 219-220.

(2) Delvincourt, *Cours de Code civil*, édition de 1824, t. II, *notes et explications*, p. 68; — Troplong, *Donations entre-vifs et testaments*, t. II, n° 765 : « Les héritiers d'un homme riche laisseront-ils sa veuve traîner dans la pauvreté une vie honorable? Et s'ils étaient assez durs « pour le faire, les tribunaux n'auraient-ils pas le droit de les contraindre à remplir un devoir « pieux envers la mémoire de celui dont ils détiennent les biens? »

des pays civilisés lui a généralement assigné. La comparaison du Code avec les législations étrangères prouve que la France a été devancée, en ce qui concerne les droits du conjoint survivant, par la plupart des peuples de l'ancien et du nouveau monde (1).

Au surplus, notre législateur s'est engagé déjà dans la voie de réforme ou de restauration, que la proposition l'invite à parcourir. La loi du 14 juillet 1866, sur les droits des héritiers et des ayants cause des auteurs, accorde au conjoint survivant, outre les droits qui peuvent résulter pour lui du régime de la communauté, la jouissance des droits que l'auteur prédécédé à laissés dans sa succession *ab intestat.* Et ce n'est pas dans la nature particulière des droits d'auteur, produit d'une sorte de collaboration commune, qu'il faut voir la raison de cette vocation héréditaire. L'exposé des motifs de cette loi porte : « La présomption des intentions du mari a désavoué le Code, et élevé la veuve au premier rang des successeurs » (2). Le rapport au Corps Législatif constate que la Commission de cette assemblée applaudit à la disposition du projet, « en attendant une réforme plus générale pour laquelle la Commission se serait prononcée avec une énergique unanimité. (3) »

La loi du 25 mars 1873, qui règle la condition des déportés à la Nouvelle-Calédonie, accorde à la veuve du déporté qui habitait avec son mari, dans le cas où il n'existerait pas de descendants légitimes, la moitié en propriété, tant de la concession faite au déporté que des autres biens que le déporté aurait acquis dans la colonie; et, dans le cas d'existence de descendants légitimes, la loi donne à la veuve le tiers des mêmes biens en usufruit seulement; l'article 14 reconnaît des droits semblables au mari de la femme déportée. Ces droits de succession, accordés au conjoint, ont été

(1) Voir le tableau des législations étrangères dans l'ouvrage déjà cité de M. Boissonade, p. 485 et suiv. — Voir aussi l'*Annuaire de législation étrangère....* deuxième année, p. 81.

(2) *Collection des lois* de M. Duvergier, t. LXVI, p. 272. Notes.

(3) *Loc. cit.*, p. 283.

accueillis avec empressement, dit le savant M. Duvergier, parce que, en général, on pense que la loi n'a pas placé le conjoint, parmi les successibles, au rang qu'il devrait occuper (1).

Telles sont, Monsieur le Garde des Sceaux, les raisons pour lesquelles la Faculté s'est prononcée, à une grande majorité (2), en faveur du principe de la proposition. La Faculté a écarté ensuite des amendements qui auraient restreint l'application de ce principe.

Un membre a demandé que la loi distinguât entre le cas où les époux se seraient mariés sans faire un contrat de mariage, et le cas où ils en auraient fait un. Dans la première hypothèse, le survivant concourrait *ab intestat* avec les parents du prédécédé. Dans la seconde, il serait réduit, à moins que le prémourant n'en eût autrement disposé, aux conventions du contrat de mariage. Ce serait, a-t-on dit, déranger les prévisions des familles et, en quelque sorte, violer les conventions matrimoniales, que de combiner avec les stipulations du contrat de mariage un droit de succession *ab intestat*.

On a répondu que le principe même de la loi ne permettait pas d'en restreindre l'application au cas où il n'aurait pas été fait de contrat de mariage; — qu'autant vaudrait dire que, s'il y a un contrat de mariage, la donation entre époux et le testament en faveur du conjoint sont prohibés; — que la loi de succession *ab intestat* est la volonté présumée du *de cujus* à la fin de sa vie, et qu'il est impossible de voir l'expression de cette volonté dans un contrat de mariage antérieur au mariage, dressé souvent trente ou quarante ans avant la mort de l'un des époux; — que l'amendement, s'il devenait loi, aurait pour résultat de contrarier la disposition actuelle des familles, provoquée ou secondée par les notaires

(1) *Loc. cit.*, t. LXXIII, p. 99. — M. Sauzet écrivait aussi, — il y a plusieurs années déjà, — qu'avant peu le douaire de la femme serait rétabli en France, et qu'on assurerait « les droits de son veuvage et la dignité de sa vie. » *Rome devant l'Europe*, 3e édition, 1860, p. 233.

(2) Treize voix contre deux.

les plus prudents, à ne pas engager l'avenir par des libéralités irrévocables (1).

Par les mêmes raisons, la majorité de la Faculté a repoussé un autre amendement qui aurait autorisé les futurs époux à stipuler, dans leur contrat de mariage, la suppression ou la diminution des droits de succession du survivant. Cette convention présenterait tous les dangers des pactes sur succession future; la renonciation serait faite en aveugle, par les jeunes filles surtout qui, pour la plupart, laissent à leur famille le soin d'arrêter leurs conventions matrimoniales; — enfin, cette clause deviendrait facilement de style et paralyserait, en partie, l'effet de la loi dont le but est de relever la condition du conjoint survivant (2).

II. — L'époux survivant ne sera pas héritier; il n'aura pas la saisine.

Le projet de M. Delsol ne fait pas sortir le conjoint de la classe des successeurs irréguliers. La Faculté, à la majorité d'une voix, n'accorde pas non plus au conjoint la qualité d'héritier, et, par suite, lui refuse la saisine.

La minorité de la Faculté a rappelé qu'autrefois, en France, le conjoint était un véritable héritier; que telle était, du moins, l'opinion de Pothier. Cette succession, disait le grand jurisconsulte, « est une vraie succession « qui ne diffère en rien des autres successions, si ce n'est en ce que les « héritages qui adviennent par cette espèce de succession, n'ont pas la « qualité de propres. Au reste, le survivant qui succède à ce titre au pré- « décédé, est un vrai héritier et il est, de même qu'un parent, suivant « l'article 301, saisi de tous les droits actifs et passifs du défunt dès l'ins- « tant de sa mort; c'est pourquoi cet article dit : le *mort saisit le vif ou* « *plus prochain héritier*, en termes généraux, et non pas son plus prochain « parent (3). » Autrefois encore la femme était saisie de son douaire (4).

(1) L'amendement a été rejeté par treize voix contre deux.

(2) L'amendement a été rejeté par sept voix contre cinq.

(3) *Coutumes d'Orléans*... Introduction au titre XVII, *Des droits de succession*, n° 35.

(4) Art. 256, *Cout. de Paris*. — Compar. M. Boissonade, *loc. cit.*, p. 217.

Sans doute, le Code civil a relégué le conjoint parmi les successeurs irréguliers. Mais il est vraisemblable qu'il n'a refusé la saisine à l'époux survivant que parce qu'il la refusait aux parents naturels, lesquels primaient eux-mêmes le conjoint.

La proposition a pour but de donner au conjoint un rang héréditaire plus digne de sa condition ; elle est inconséquente si elle ne relève pas, en même temps, le caractère de ce droit de succession. On comprend que, pour honorer le mariage, la loi refuse aux parents naturels la qualité d'héritier. Elle ne peut pas, non plus, accorder cette qualité à l'État qui ne succède pas au défunt, mais qui prend les biens du *de cujus* comme biens vacants. Mais comment justifier, contre le conjoint, l'infériorité qui s'attache à la qualité de successeur irrégulier ? Comment, sans humilier le veuf ou la veuve, les soumettre à la nécessité de demander la délivrance ou l'envoi en possession ? Comment leur refuser, suivant une opinion sur la condition des successeurs irréguliers, le droit d'exercer des actions d'injure pour protéger la mémoire de leur époux, et cela, même lorsqu'ils recueillent en pleine propriété toute la succession de cet époux ? (1) Qu'on ne dise pas que la saisine ne peut appartenir à un successeur en usufruit ! Le père ou la mère, partageant la succession avec certains collatéraux, sont saisis du droit d'usufruit que l'article 754 leur accorde sur une partie de la succession. Dans le cas aussi où le *de cujus* ne laisse à l'héritier du sang que l'usufruit de ses biens, ce parent est saisi, et les légataires de la nue propriété doivent lui demander la délivrance.

Craint-on que le survivant n'abuse de la saisine pour divertir des biens de la succession avant l'arrivée des héritiers du sang ? Mais le défaut de saisine n'empêche pas le conjoint survivant de détenir en fait les valeurs héréditaires ; or, c'est la possession de fait qui rend faciles les détournements. Dans tous les cas où, parmi les parents saisis, les uns sont sur

---

(1) Voy. *Cours de droit civil français*, de MM. Aubry et Rau (3e édition), VI. 1, p. 109-110, notes 17 et 18.

les lieux et les autres sont éloignés, le même danger se produit. Pourquoi se méfier du conjoint plus que des parents légitimes ? La loi n'a-t-elle pas garanti suffisamment les intérêts des non-présents, en édictant les peines du divertissement et du recel ? On se ferait illusion si l'on pensait que l'époux appelé, en vertu de la loi nouvelle, à concourir avec les parents, et conservant d'ailleurs la qualité de successeur irrégulier, sera soumis à toutes les formalités de l'envoi en possession, imposées au conjoint survivant appelé à défaut de parents. Il en sera de l'époux concourant avec les parents, ce qu'il en est de l'enfant naturel venant à la succession avec la famille légitime de son père ou de sa mère. L'époux sera soumis seulement, comme successeur irrégulier, à la formalité de la demande en délivrance (1). L'inventaire et la caution lui seraient imposés, dans tous les cas, à raison de la nature de son droit. Faut-il donc, pour assujettir le veuf ou la veuve à la demande en délivrance, leur refuser l'honneur de la qualité d'héritier ?

Ces raisons n'ont pas déterminé la Faculté à proposer une modification du Code civil, qui n'est point, suivant elle, indispensable à l'amélioration du sort de l'époux survivant. L'innovation pourrait effrayer le législateur, et compromettre la réussite du projet de M. Delsol. Sans doute, le danger qui résulte du fait de la possession ne sera pas prévenu par la formalité de la demande en délivrance, pas plus qu'il ne l'est aujourd'hui et qu'il ne continuera de l'être, pour le cas où il n'y a pas de parents connus, par les formalités de l'envoi en possession. Toutefois il est utile, pour diminuer ce danger, d'astreindre l'époux à faire connaître le décès de son conjoint à la famille de celui-ci, et, dans ce but, d'exiger du survivant qu'il demande à cette famille la délivrance. Enfin, le législateur s'est prononcé récemment contre la proposition de conférer au survivant des époux la qualité d'héritier. Lors de la discussion de la loi du 25 mars 1873 sur la condition des déportés à la Nouvelle-Calédonie, un amendement

(1) Art. 773, C. C. — Compar. M. Demolombe, t. XIV, n° 200.

attribuait au conjoint survivant le titre d'héritier. La proposition a été rejetée par ce motif, entre autres, qui n'est pas spécial à la succession des déportés, que la qualité d'héritier entraîne l'obligation de payer les dettes *ultra vires successionis*, et que ce ne serait point là une innovation favorable au conjoint (1).

III. — L'époux survivant n'aura pas droit à la réserve.

La Faculté se rencontre encore, sur ce point, avec M. Delsol. Elle ne pense pas qu'il y ait lieu d'assimiler l'époux aux descendants et aux ascendants du *de cujus*. On comprend que *l'indignité* du fils ou du père rende seule à l'ascendant ou au descendant le droit de disposer de tous ses biens. Mais les devoirs de fidélité, de secours, d'assistance, auxquels les époux se sont eux-mêmes soumis, réclament une sanction plus large. La séparation de corps est une ressource extrême à laquelle il serait dur de réduire l'époux offensé qui craint de publier sa colère, comme disait Ricard, qui redoute, pour ses enfants et pour lui-même, le scandale des enquêtes et des plaidoiries. Il est juste que l'époux coupable ne s'enrichisse pas, nécessairement, de la fortune du conjoint auquel il a infligé les peines à la fois les plus cuisantes et les plus profondes. Une femme l'a écrit : « Il y a dans un mariage malheureux une force de douleur qui « dépasse toutes les autres peines de ce monde ! (2) »

Mais si la Faculté refuse une réserve au survivant, elle veut lui assurer une pension alimentaire. Cette continuation de l'obligation de secours ne présente pas le danger qui résulterait peut-être de la concession d'une réserve héréditaire ; elle ne contribuera pas à faire du mariage une spéculation.

(1) *Devilleneuve et Carette*, 1873, IIIe partie, p. 381, note 24 ; — Duvergier, *Collection des lois*, t. LXXIII, p. 100, notes.

(2) Mme de Staël.

V. — L'époux contre lequel la séparation de corps aura été prononcée, ne succédera pas à son conjoint.

La Faculté approuve cette déchéance, que le Code civil n'a pas prononcée. Les auteurs du Code ont craint que la règle de réciprocité ne les obligeât à priver aussi de sa vocation héréditaire, l'époux qui aurait obtenu la séparation. « On a considéré, dit M. de Maleville dans son *Analyse « raisonnée*, que l'exclusion de la succession, en cas de séparation, « pourrait tomber sur l'époux qui n'avait rien à se reprocher, et qui « aurait, au contraire, à se plaindre de l'autre (1). »

Plus tard, la loi sur les pensions civiles a refusé à la veuve le droit à la pension, si cette veuve était séparée de corps, au moment du décès, par un jugement prononcé contre elle (2). La loi du 14 juillet 1866, sur les droits des héritiers des auteurs, décide aussi que la jouissance du survivant n'a pas lieu, lorsqu'il existe, au moment du décès, une séparation de corps prononcée contre ce conjoint. Ces lois nous paraissent mieux en harmonie, que l'article 767 du Code civil, avec la disposition du même Code, telle qu'elle est interprétée par la jurisprudence, sur le sort des avantages faits par son conjoint à l'époux contre lequel la séparation de corps est prononcée. Ces avantages sont révoqués de plein droit; et cependant l'époux qui a fait prononcer la séparation de corps conserve les avantages que lui avaient faits l'autre époux, même lorsque ces avantages avaient été stipulés réciproques (3).

Il en est ainsi, d'après le Code lui-même, au cas d'indignité. Celui qui serait exclu de la succession de son parent pour cette cause, laisse sa propre succession à ce même parent. Ces décisions se rattachent au grand principe de la personnalité des peines. L'époux contre lequel la séparation de corps a été prononcée encourt justement une punition qui ne doit pas rejaillir sur son conjoint.

(1) Tome II, p. 218. — M. Berlier avait dit : « il n'existe aucun motif raisonnable pour que « des époux séparés de corps succèdent l'un à l'autre en aucun cas. » Fenet, t. XII, p. 37.

(2) Loi du 9 juin 1853, art. 13. — Compar. M. Boissonade, *loc. cit.*, et les ordonnances citées, *ibid.*

(3) Art. 299 et 300. — Voyez aussi les articles 301 et 1518 du Code civil.

Celui-ci succédera donc, à moins que l'époux coupable n'en ait autrement disposé; cette disposition serait, le plus souvent, une nouvelle injure que la loi ne doit pas présumer.

Telle était la décision de Pothier: « Il n'est pas douteux, disait-il, qu'une « femme judiciairement convaincue d'adultère doit être jugée indigne de « la succession *unde vir et uxor*, dans le cas du prédécès de son mari sans « parents, de même qu'elle est privée de tous ses avantages matrimoniaux; « mais, si elle prédécède, son mari à défaut de parents lui peut succéder, « car il demeure toujours son mari. » Pothier ajoutait : « Un mari doit « pareillement être jugé indigne de la succession de sa femme qui a été « séparée de lui pour cause de sévices ; mais s'il prédécède, sa femme peut, « à défaut de parents, lui succéder, et c'est *sans aucune raison* que « Le Brun lui refuse ce droit. » (1)

Ici la Faculté a prévu une objection qui consisterait à dire: Vous n'accordez pas de réserve au survivant; l'époux qui a fait prononcer la séparation de corps peut donc disposer de manière à ne rien laisser à son conjoint. S'il ne l'a pas fait, la loi qui, dans le silence du premier mourant, privera l'époux coupable de ses droits de succession, s'expose à contrarier l'intention du défunt, à méconnaître la pensée d'un généreux pardon!

Cette considération a été présentée, en 1849, devant la Cour de Cassation, à l'appui de la thèse que le testament, fait avant la séparation, par l'époux innocent au profit de l'époux coupable, n'est pas révoqué de plein droit. La Cour ne s'est pas arrêtée devant cette objection (2); et le savant avocat général, qui a fait triompher la cause de la révocation, disait, avec une parfaite connaissance de la nature humaine: Non-seulement cette révocation de plein droit est une disposition digne de la sagesse du législateur, « parce qu'elle prête un appui plus sûr à la religion et à la

---

(1) *Coutumes d'Orléans*, Introduction au titre XVII, n° 35.

(2) Arrêt de rejet, Ch. civ. du 5 décembre 1849 (affaire Bouscatel), *Devilleneuve et Carette*, 50, 1, 6.

« morale; parce qu'elle défend mieux la paix du ménage et la sainteté « du lien conjugal... Mais il y a de plus, dans l'initiative que prend ici la « loi, une vue très-juste et un soin charitable de l'une de nos plus grandes « faiblesses: je veux parler de l'oubli qui émousse et finit par effacer « nos impressions, même les plus vives, et de cette tendance à toujours « remettre au lendemain, qui est cause que presque toujours la mort « nous surprend. » (1)

V. — En présence d'enfants d'un précédent mariage, l'usufruit du survivant sera d'une part d'enfant légitime le moins prenant, sans que cette part puisse excéder le quart des biens.

Après avoir constaté l'accord de la Faculté avec M. Delsol, sur les bases du projet que le rapport vient d'examiner, nous devons signaler les points de détail sur lesquels cet accord s'est maintenu.

Aujourd'hui, le veuf ou la veuve qui se remarie donne souvent à son nouvel époux tout ce dont la loi lui permet de disposer en sa faveur, c'est-à-dire une part d'enfant, en propriété. Le projet ne s'expose donc pas à excéder les intentions de celui qui laisse des enfants d'un premier mariage, en appelant *ab intestat* le second époux à l'usufruit d'une part d'enfant.

VI. — Si le prédécédé laisse des ascendants dans les deux lignes, le conjoint survivant aura l'usufruit de la moitié de la succession.

Dans le cas où le prédécédé laisse pour héritiers des ascendants, il aurait pu donner à son conjoint l'usufruit de tous ses biens. S'il n'a pas exprimé cette volonté, la loi doit-elle réduire les ascendants à la nue propriété de leur réserve? Ne s'exposerait-elle pas à méconnaître les intentions du défunt? Sans doute, de graves motifs peuvent déterminer le premier mourant à étendre jusque sur l'usufruit de la réserve la libéralité qu'il fait à son conjoint: il veut préserver le survivant d'un changement de position et lui éviter le partage, si douloureux, des biens possédés naguère avec celui qui n'est plus. On comprend que la loi sur la quotité disponible autorise cette disposition expresse. Mais il s'agit ici de succession *ab intestat*. Le malheur de l'époux, que la mort de son conjoint laisse

(1) M. Nicias Gaillard, *Revue de législation et de jurisprudence*, t. XXXVII, p. 177.

isolé et abattu, ne peut faire oublier le devoir de l'enfant envers ses ascendants. Le prédécédé ne doit, en conscience, réduire ses ascendants à la nue propriété, que si la piété filiale le lui permet, que si l'état de fortune de ses vieux parents ne leur rend pas nécessaire la jouissance actuelle de leur réserve. La loi, qui ne saurait faire cette appréciation, serait imprudente de trancher la question contre les ascendants.

DEUXIÈME PARTIE.

Les points sur lesquels la Faculté est d'avis de compléter ou de modifier le projet de M. Delsol, sont les suivants :

I. — A la différence du projet qui donne au survivant la moitié, en pleine propriété, des biens du conjoint prédécédé, si les parents laissés par le *de cujus* sont au delà du sixième degré, la Faculté n'accorde au conjoint que de l'usufruit, tant que le prédécédé laisse des parents légitimes ou naturels au degré successible.

II. — A la différence du projet qui fait varier la quotité de l'usufruit du conjoint avec le nombre des enfants, la Faculté propose de fixer cet usufruit à un tiers, quel que soit le nombre des enfants.

III. — Dans le cas où le prédécédé ne laisse d'ascendants que dans une ligne, le projet donne au conjoint l'usufruit de la moitié seulement ; la Faculté lui accorderait l'usufruit des trois quarts.

IV. — A la différence du projet qui ne donne jamais au conjoint, en concours avec des parents, que l'usufruit d'une fraction des biens, la Faculté étend cet usufruit à la totalité, lorsque le prémourant ne laisse ni descendants, ni ascendants, ni frères et sœurs ou descendants d'eux.

V. — La Faculté propose d'exprimer dans la loi que, si l'hérédité du premier mourant comprend des biens auxquels un successeur anomal est appelé, l'usufruit du conjoint portera sur ces biens.

VI. — La Faculté dirait aussi, dans la loi, que l'usufruit du survivant des père et mère, en concours avec un collatéral de l'autre ligne, est primé par l'usufruit du conjoint survivant.

VII. — Le projet de M. Delsol est muet sur le cas où le conjoint prédécédé laisse des parents naturels appelés à sa succession; la Faculté propose de combler cette lacune.

VIII. — Elle est d'avis de retrancher la disposition du projet qui fait déchoir de son usufruit le survivant qui se remarie.

IX. — La Faculté propose de décider que l'obligation réciproque du rapport n'existe pas entre le conjoint et les autres successeurs.

X. — Elle ajoute au projet une disposition qui préviendrait l'inconvénient de frapper d'usufruit tous les biens héréditaires.

XI. — A la différence du projet, la Faculté accorde une pension alimentaire au conjoint survivant qui est dans le besoin.

1. — Le survivant succède en usufruit seulement, tant que le conjoint prédécédé laisse des parents légitimes ou naturels au degré successible.

Le projet donne au survivant la moitié, en pleine propriété, des biens du conjoint prédécédé, si les parents laissés par le *de cujus* sont au delà du sixième degré. La Faculté pense que le conjoint ne doit succéder à son conjoint, en pleine propriété, que si le prédécédé ne laisse ni parents au degré successible ni parents naturels.

Le rapport l'a déjà rappelé : le devoir de famille et l'affection présumée sont les fondements d'une bonne loi de succession. Le devoir de famille, lors même qu'il n'est pas assez étroit pour être garanti par une réserve, nous commande, ou du moins nous conseille de laisser le fonds de notre fortune à ceux que Dieu a rapprochés de nous par le lien du sang. La reconnaissance ou la bienfaisance peuvent dicter légitimement une autre disposition des biens ; mais la loi ne saurait, sur ce point, suppléer au silence du défunt.

Il est vrai que le défunt avait, ou doit être présumé avoir eu, pour son conjoint, une affection plus grande que pour des parents éloignés. « Tel « est, disait justement M. Bigot-Préameneu, l'effet de l'union intime des « époux que, sans rompre les liens du sang, leur inquiétude et leur affec« tion se portent plutôt sur celui des deux qui survivra que sur les pa« rents qui doivent leur succéder. » (1) Mais l'affection de chaque époux se concentre sur l'autre; le don tacite de toute la succession en usufruit y répond généreusement. Aller plus loin, attribuer une partie de la pleine propriété au survivant qui la transmettra à sa propre famille, c'est dépouiller les parents du prédécédé au profit de ceux du survivant; c'est présumer que le prédécédé avait pour ses alliés autant d'affection que pour ses parents. Or, tel n'est pas le fait ordinaire (2).

Ferrière a pu dire que le soin et le désir de conserver les biens dans les familles, avait servi de fondement à la plus grande partie des dispositions coutumières (3). Le caractère national n'a pas changé. Une preuve, entre plusieurs, que les Français entendent transmettre à leurs parents au moins leurs immeubles, est la répugnance que la communauté universelle, réclamée cependant par d'excellents esprits, usitée dans d'autres

---

(1) Exposé des motifs du titre *Des donations et des testaments*, Fenet, t. XII, p. 572.

(2) Comp. M. Le Sénécal, *Des droits du conjoint survivant*, *Rev. crit.*, t. XXXII, p. 332; — M. Boissonade, *loc. cit.*, p. 548; — M. Maitrejean, *Étude sur le projet de loi de M. Delsol*, p. 22; — M. Armand Bonnet, *Rev. crit.*, nouvelle série, t. III, p. 202 et suiv.

(3) Glose I, n° 6, sur l'art. 282 de la Coutume de Paris.

pays, a toujours rencontrée sur notre sol. M. Bérenger disait au Conseil d'État : La communauté universelle serait bien plus simple, bien plus à l'abri des fraudes, bien plus favorable au crédit, en un mot, bien plus utile — il aurait pu ajouter : bien plus juste, — que la communauté partielle. M. Tronchet répondit : « Il faut se pénétrer de l'importance de « ne pas rompre les habitudes. Le projet proposé les respecte, car les « immeubles ne devenaient pas communs entre les époux, même dans « les pays coutumiers, encore moins dans les pays de droit écrit. — D'ail- « leurs, l'un des obstacles les plus communs aux mariages, qu'il est de « l'intérêt de l'État de multiplier, est *la crainte qu'ils ne fassent passer « les biens des époux d'une famille dans l'autre.* On augmenterait cet obs- « tacle, si l'on faisait entrer de plein droit dans la communauté des pro- « priétés aussi précieuses que les immeubles. Cette considération les en « avait toujours fait exclure, en laissant cependant aux parties la faculté « de déroger à cette règle générale. » La proposition de M. Bérenger ne fut pas même appuyée (1). — Il ne serait pas possible, aujourd'hui, de distinguer, en matière de succession, entre les meubles et les immeubles.

Nous convenons que l'affection est faible pour les parents des septième et subséquents degrés. Mais les alliés auxquels le survivant transmettrait les biens du prédécédé ne seraient peut-être aussi que des arrière-cousins du survivant. D'ailleurs, le devoir de famille subsiste, et le législateur se gardera d'en affaiblir le respect (2).

1. — Le conjoint aura l'usufruit du tiers des biens, quel que soit le nombre des enfants issus du mariage.

D'après le projet, si le défunt laisse des enfants issus du mariage, l'époux survivant a l'usufruit d'une part d'enfant légitime, sans que cette part puisse être moindre du quart des biens. L'usufruit du survivant serait donc du quart seulement, toutes les fois qu'il resterait du mariage trois enfants au moins.

(1) *Fenet*, t. XIII, p. 552-555.

(2) Le principe d'un droit de succession en usufruit a été voté par neuf voix. Aucune voix ne s'est prononcée en sens contraire.

Ce système a été soutenu par plusieurs membres de la Faculté. Ils ont dit : En appelant le survivant à une quotité supérieure au quart, lorsque le premier mourant laisse plus de trois enfants, on s'expose à dépasser son intention. En France, les fortunes respectives des époux sont souvent à peu près égales. Souvent aussi, il y a communauté ou du moins société d'acquêts. A la mort de l'un des époux, le survivant reprend ses biens personnels; il y ajoute la moitié de la communauté; il y joindra, dans le système du projet, l'usufruit — s'il y a deux enfants, d'un tiers de la fortune du prédécédé, — s'il y a trois enfants ou un plus grand nombre, d'un quart. Cette situation du survivant, comparée à celle de chacun des trois, quatre ou cinq enfants laissés par le prédécédé, paraît être suffisante. Le survivant, par cela même qu'il est seul, a des charges personnelles moins lourdes que n'en avait le ménage commun. Peut-être aussi la juste répartition, entre les enfants, des secours ou des bienfaits, était mieux assurée du vivant des deux époux, qu'elle ne le sera après la mort de l'un d'eux. Le premier mourant ne redoutera-t-il pas, pour le temps où il ne sera plus, les effets de certaines préférences, qu'il tempère ou qu'il compense aujourd'hui? Ne préviendra-t-il pas l'inégalité qui résulterait de ces préférences, en distribuant lui-même, entre son conjoint et ses enfants, l'usufruit de sa fortune? Plus l'usufruit attribué au survivant par la loi sera considérable, plus il est à prévoir qu'en présence de plusieurs enfants, le premier mourant modifiera, dans son testament, la répartition faite par la loi. Cette restriction expresse de ses droits légaux causera au survivant une peine très-amère.

Ces motifs n'ont pas rallié la majorité de la Faculté au système du projet. Elle pense que le survivant, en présence d'enfants communs, doit être appelé à une quotité d'usufruit invariable.

On a soutenu devant la Faculté que cette quotité devait être toujours de moitié; et si les considérations présentées à l'appui de cet amendement n'ont pas entraîné la Faculté jusqu'à donner toujours l'usufruit de la moitié, elles l'ont déterminée à concéder toujours l'usufruit d'un tiers.

On a dit: Le but que se propose l'auteur du projet est d'assurer une situation convenable à l'époux survivant. Pour atteindre ce but, la situation du survivant doit s'éloigner le moins possible de celle qui appartenait aux deux époux; elle doit être la même, quel que soit le nombre des enfants. Le père ou la mère survivant demeure le chef de la famille; il doit, de plus, en être le lien. A ce point de vue encore, le nombre des enfants est indifférent. Il est vrai que, si les enfants sont nombreux, chacun d'eux n'aura qu'une faible quotité d'usufruit, tant que durera la jouissance du survivant. Mais entrer dans la vie avec peu de fortune, ce n'est pas un malheur, tandis que, pour le conjoint, ne garder qu'un quart en usufruit, ce serait beaucoup déchoir. Il n'est pas bon d'ailleurs de donner aux conjoints intérêt à n'avoir qu'un ou deux enfants.

Quelques membres ont proposé d'attribuer toujours *un quart* au survivant.

La majorité s'est prononcée en faveur d'un moyen terme: elle demande que l'époux ait le tiers en usufruit, quel que soit le nombre des enfants communs. Ce vote a été, en partie, déterminé par la considération que la loi récente sur la condition des déportés avait accordé *ab intestat* au survivant, en cas d'existence d'enfants légitimes et sans distinguer eu égard au nombre des enfants, l'usufruit du tiers des biens laissés par le déporté (art. 13 et 14 de la loi du 25 mars 1873) (1).

Avant de motiver les différences relatives à la quotité de l'usufruit, qu'il nous reste à signaler, entre le projet de M. Delsol et le projet de la Faculté, le rapport doit faire connaître une proposition, qui a divisé la Faculté et n'a été rejetée que par la voix prépondérante du président.

Cette proposition attribuait au conjoint, à défaut d'enfants, une quotité d'usufruit invariable, la moitié. A l'appui de cet amendement, on a dit: Le

---

(1) La Faculté s'est prononcée, à la majorité de sept voix contre quatre, en faveur d'une quotité invariable; elle a préféré, à la majorité de huit voix contre deux, la quotité du tiers à la quotité de la moitié et à celle du quart.

but du projet de M. Delsol, qui est de relever la condition du conjoint, sera atteint si le conjoint recueille *ab intestat* une quotité d'usufruit suffisante pour lui assurer une existence convenable. Placé à ce point de vue, le législateur ne privera aucun successeur de toute la jouissance. Or, il est très-grave d'appeler une personne à recueillir seulement la nue propriété. Cet héritier n'est pas moins tenu de payer des droits de mutation fort lourds; il est exposé, si l'usufruitier administre mal, à ne trouver au décès de celui-ci qu'une faible partie de son bien; il est donc sacrifié à l'usufruitier. Sacrifier les parents du premier mourant des époux au survivant, c'est compromettre le droit de famille.

On a répondu : Le législateur civil ne doit pas se laisser arrêter, lorsque la justice lui commande une réforme, par les inconvénients que produirait la loi fiscale actuelle si la réforme était réalisée. C'est à la loi fiscale de se modifier, pour prévenir les inconvénients. L'histoire de la transcription supprimée en 1804, par répugnance pour l'impôt qui y était attaché, et rétablie seulement en 1855, fournit un exemple saisissant du danger de faire intervenir les considérations de ce genre dans la discussion des lois civiles. D'ailleurs, il est inexact de donner pour raison unique du projet de M. Delsol, la pensée d'assurer au conjoint survivant une situation convenable. Le projet de l'honorable député a aussi pour motif le fondement de toute bonne loi de succession, l'affection présumée du défunt. Ce serait vraiment faire injure à nos mœurs de supposer, chez le premier mourant des époux, l'intention, en présence de collatéraux même fort éloignés, de ne laisser à son conjoint que l'usufruit de la moitié de ses biens et de donner à des parents, souvent peu connus de lui, non-seulement la nue propriété de tout son patrimoine, mais encore la jouissance de la moitié : il n'a pu vouloir imposer à son époux l'obligation, si dure, de partager même le mobilier avec des arrière-cousins.

Si, par crainte de certains inconvénients, on n'accorde jamais au conjoint l'usufruit de la totalité, on poussera le législateur à lui donner la pleine propriété d'une partie des biens: or, la Faculté a déjà combattu cette proposition.

Enfin, ne serait-ce pas une anomalie dans le droit français qu'une même condition faite, par la loi de succession, aux frères, sœurs ou descendants d'eux et aux autres collatéraux? La loi spéciale devra s'encadrer dans la loi générale. Moins elle en rompra l'harmonie, mieux cela vaudra, et plus le projet de réforme recevra un accueil favorable.

III. — Dans le cas où le prédécédé ne laisse d'ascendants que dans une ligne, le survivant des époux aura l'usufruit des trois quarts.

Étant admis que, lorsque le premier mourant ne laissera pas d'enfants issus du mariage, l'usufruit du survivant variera eu égard à la qualité des parents, la Faculté n'aperçoit pas de motifs pour refuser au conjoint, en présence d'ascendants appartenant à une seule ligne, l'usufruit de toute la quotité disponible ordinaire.

IV. — Lorsque le prédécédé ne laisse ni descendants ni ascendants ni collatéraux privilégiés, le survivant aura l'usufruit de la totalité des biens.

IV. — Dans le cas où le *de cujus* ne laisse ni descendants, ni ascendants, ni collatéraux privilégiés, la Faculté propose, — nous venons de rendre compte de la discussion qui a précédé sa résolution, — de donner au survivant des époux la jouissance de tous les biens du prédécédé.

La Faculté traite les frères et sœurs et leurs descendants mieux que les autres collatéraux. Un frère qui n'a pas d'enfants est souvent la providence de ses frères et sœurs chargés de famille et peu fortunés. Le Code reconnaît la mission quasi paternelle de l'oncle ou de la tante qui n'ont point d'enfants, lorsqu'il leur permet de faire une substitution en faveur de leurs neveux et nièces. Il ne serait pas conforme à nos mœurs et à l'esprit du Code de présumer que le frère entendait ne rien laisser en jouissance, tant que vivrait son conjoint, à ce frère ou à cette sœur qu'ils aidaient de leur vivant. La crainte que l'oncle ne fasse pas de testament, et que la tante par alliance ne soit maîtresse, jusqu'à sa mort, de toute la fortune, pourrait éveiller la cupidité et jeter le trouble dans la famille.

Le projet de M. Delsol est muet sur le règlement des droits du conjoint, lorsque la succession du prédécédé comprend des biens auxquels se trouvent appelés l'adoptant ou ses descendants, l'ascendant donateur ou les frères et sœurs *légitimes* d'un enfant naturel, art. 351, 352, 747 et 766 du Code civil.

V. — L'usufruit du conjoint portera sur les biens compris dans la succession anomale.

Quelques membres de la Faculté ont soutenu que le silence du projet devait être approuvé; que ce silence aurait pour résultat de laisser le successeur anomal exercer son droit en présence du conjoint survivant, comme il l'exerce aujourd'hui; que la loi nouvelle éviterait ainsi de toucher, sans nécessité, à une institution qui se gouverne, sur plusieurs points, par des règles spéciales; que la proposition de frapper de l'usufruit du conjoint les biens dévolus au successeur anomal, contribuerait à effrayer le législateur, toujours préoccupé du danger de compromettre l'œuvre des auteurs du Code, en y touchant sur un grand nombre de points.

La majorité de la Faculté a pensé que le silence du projet sur les droits du conjoint, en présence d'un successeur anomal, serait diversement interprété; que la prudence commandait de s'expliquer et de prévenir les procès; que, pour être fidèle à son esprit et pour être conséquente avec elle-même, la loi devait, après avoir reconnu au conjoint le droit de concourir en usufruit avec les enfants qui priment le successeur anomal, reconnaître au conjoint le droit, au moins, de concourir avec le même successeur anomal (1).

Le projet ne s'explique pas sur le conflit qui s'élèverait, dans le cas du concours du père avec un collatéral, entre l'usufruit du père et l'usufruit de l'époux survivant.

VI. — L'usufruit du survivant des père et mère, en concours avec un collatéral, est primé par l'usufruit du conjoint survivant.

Le droit de jouissance du conjoint est fondé sur des motifs, qui le ren-

(1) Cette proposition a été adoptée par huit voix contre une.

dent indépendant de la qualité du successeur avec lequel le père ou la mère concourent. On ne comprendrait pas, d'ailleurs, que le conjoint respectât l'usufruit du père sur la part du collatéral, lorsqu'il enlèverait au père, pour moitié, l'usufruit même de sa portion. La Faculté est d'avis que, pour prévenir toute difficulté, il soit inséré dans la loi que l'usufruit du conjoint primera celui qui est attribué par l'art. 754 du Code civil, au survivant des père et mère (1).

VII. — Règlement des droits du conjoint, dans le cas où le prédécédé laisse des parents naturels appelés à sa succession.

Le projet de M. Delsol ne contient aucune disposition spéciale au cas où le premier mourant des époux laisse, avec son conjoint, des parents légitimes et des enfants naturels, ou bien des enfants naturels seulement, ou bien ses père et mère naturels, ou bien ses frères et sœurs naturels ou légitimes.

La Faculté a dû se préoccuper de ces diverses hypothèses ; elle propose d'ajouter au projet, pour chacune d'elles, une disposition.

Première hypothèse. L'époux prédécédé laisse son conjoint, des parents légitimes et des enfants naturels. La Faculté pense qu'il y a lieu de distinguer, comme le fait déjà le Code civil, entre le cas où les parents légitimes laissés par le *de cujus* sont des descendants, celui où ces parents sont des ascendants ou bien des frères et sœurs, celui enfin où ce sont des collatéraux autres que des frères ou sœurs.

— Lorsque le premier mourant des époux laisse, avec son conjoint, des enfants légitimes et des enfants naturels, nous sommes d'avis, à la majorité, que le tiers en usufruit, attribué au conjoint en présence d'enfants communs, soit pris exclusivement sur la part des enfants légitimes ; et que, si le *de cujus* laisse, avec des enfants naturels, des enfants nés d'un premier mariage, la part d'enfant le moins prenant, que la Faculté,

(1) Compar. M. Boissonade, p. 552 et 573, art. 3.

d'accord avec le projet, attribue en usufruit au survivant, soit pareillement imputée sur les biens dévolus aux enfants légitimes.

La minorité de la Faculté a soutenu que l'usufruit du conjoint devait grever la part des enfants naturels, comme il grèverait celle des enfants légitimes; qu'il serait contraire à l'honneur du mariage, à la dignité du conjoint, à la pensée qui a inspiré le projet, d'affranchir de la jouissance du conjoint les parts attribuées aux enfants naturels et de faire peser exclusivement cet usufruit sur les parts que recueillent les enfants légitimes.

On a répondu : L'honneur du mariage, lorsque le *de cujus* laisse des enfants légitimes et des enfants naturels, est garanti par le Code avec une fermeté à laquelle on ne saurait ajouter, sans tomber dans une rigueur vraiment excessive. D'après le Code, si le *de cujus* laisse un enfant légitime et un enfant naturel, l'enfant légitime prend dans la succession cinq fois autant que l'enfant naturel. Dès lors, si la loi nouvelle faisait porter l'usufruit du conjoint proportionnellement sur les portions des deux enfants, la jouissance de l'enfant naturel serait réduite à un neuvième de l'usufruit total. De plus, l'art. 908 du Code décidant que les enfants naturels ne recevront rien au delà de ce qui leur est accordé au titre des successions, le premier mourant ne pourrait, par une disposition expresse, affranchir son enfant naturel de l'usufruit du conjoint survivant. Un pareil résultat est inadmissible (1).

— Dans le cas où, en présence d'enfants naturels, les parents légitimes laissés par le premier mourant des époux sont des ascendants ou des frères et sœurs, la Faculté propose d'attribuer au conjoint l'usufruit de la moitié des biens. Déjà nous avons demandé, avec le projet, que l'usufruit du conjoint fût de moitié en présence d'ascendants et en présence de frères et

(1) A la majorité de six voix contre cinq, la Faculté s'est prononcée en faveur de la disposition qui ne fait porter l'usufruit du conjoint que sur les biens dévolus aux enfants légitimes.

sœurs; nous allons demander qu'il soit aussi de moitié, lorsque le prédécédé ne laisse que des enfants naturels; il paraît convenir de maintenir cette proportion, en faveur du conjoint, lorsqu'il concourt avec des ascendants ou des frères et sœurs et des enfants naturels.

— Si le défunt laisse, avec son conjoint, des enfants naturels et des collatéraux autres que des frères ou sœurs, la Faculté est d'avis que l'usufruit du conjoint soit encore de moitié, comme si le prédécédé ne laissait avec son conjoint que des enfants naturels. Nous avons proposé, plus haut, de donner au conjoint l'usufruit de la totalité, lorsque les parents du prédécédé sont des collatéraux non privilégiés ; il est logique de demander que, en présence de ces collatéraux et d'enfants naturels, le conjoint soit traité comme il le serait, s'il se rencontrait avec des enfants naturels seulement.

Deuxième hypothèse. L'époux prédécédé ne laisse, avec son conjoint, que des enfants naturels. La Faculté est d'avis d'attribuer au conjoint, quel que soit le nombre des enfants naturels, l'usufruit de la moitié. Elle a écarté, à une grande majorité, une proposition d'après laquelle le conjoint concourant en l'absence de parents légitimes avec des enfants naturels, n'aurait en usufruit que ce qu'il recueillerait s'il concourait avec des enfants légitimes.

On avait appuyé cette proposition sur l'article 758 du Code civil : « L'enfant naturel a droit à la totalité des biens, lorsque ses père ou « mère ne laissent pas de parents au degré successible. » Le système du Code est donc de ne réduire l'enfant naturel à une fraction de ce qu'il aurait s'il était légitime, que lorsque le père ou la mère naturels laissent une famille légitime. Ce système doit être respecté par la loi nouvelle, dont l'unique objet est le droit de succession du conjoint.

La majorité de la Faculté a été d'avis que cette proposition serait inconciliable avec la pensée fondamentale du projet; que, le projet voulant relever le rang du conjoint dans notre système de succession, ce but ne serait pas atteint si, vis-à-vis du conjoint, l'enfant naturel occupait la même place que l'enfant légitime; qu'en l'absence de parents légitimes, le survivant des époux représente la famille légitime et doit réduire l'enfant naturel à l'une des trois situations que lui donne le Code en présence de parents légitimes; qu'il est convenable d'assimiler le conjoint aux ascendants et, par suite, de réduire, en usufruit, les enfants naturels à la moitié, quel que soit leur nombre, comme ils y sont réduits par la présence d'ascendants ou de frères et sœurs légitimes.

Troisième hypothèse. Le premier mourant des époux laisse, avec son conjoint, ses père et mère naturels ou l'un d'eux, ou bien ses frères et sœurs naturels, ou bien ses frères dits *légitimes*, parce qu'ils sont enfants légitimes du père ou de la mère naturels du *de cujus*.

La Faculté propose de donner au conjoint l'usufruit de la moitié, en présence des père et mère naturels, des trois quarts en présence de l'un d'eux; et, pour le cas où le premier mourant, enfant naturel, laisse des frères et sœurs, de décider que son conjoint aura l'usufruit de la moitié des biens dévolus, d'après l'article 766 du Code civil, soit aux frères et sœurs naturels ou à leurs descendants, soit aux frères et sœurs légitimes.

Nous avons terminé l'exposition des changements et des additions au projet, que la Faculté propose en ce qui concerne soit la nature, soit la quotité des droits de succession du conjoint survivant. Il nous reste à faire connaître les motifs des votes de la Faculté, qui repoussent la déchéance au cas de nouveau mariage, qui suppriment l'obligation réciproque du rapport, qui autorisent à convertir en un droit ne présentant pas les mêmes inconvénients, l'usufruit du conjoint, et enfin qui accordent au conjoint, s'il y a lieu, une pension alimentaire.

VIII. — Un nouveau mariage ne fera pas déchoir le survivant de ses droits de succession.

Le projet de M. Delsol porte que l'usufruit du conjoint cessera dans le cas d'un second et subséquent mariage.

La Faculté propose de ne pas établir cette déchéance.

Une minorité a défendu le projet, d'abord pour le cas même où il ne reste pas d'enfants du mariage, subsidiairement pour celui où le premier mourant a laissé des enfants. Elle a dit : Lorsque le survivant se remarie, le motif principal du droit héréditaire du conjoint cesse, en général, d'exister ; le nouveau mariage du survivant lui assure, le plus souvent, une situation convenable. D'ailleurs, la déchéance est nécessaire pour qu'il y ait concordance entre la nouvelle loi et le Code, qui déclare la mère remariée déchue de l'usufruit légal qu'elle avait sur les biens de ses enfants. Si le prédécédé n'a pas laissé d'enfants, la succession appartiendra, au moins en nue propriété, à des parents qui seront d'autant plus irrités d'avoir à supporter l'usufruit du survivant, que ce dernier aura rompu avec la famille de son premier époux, pour entrer dans une autre famille. Si le prédécédé laisse des enfants issus du mariage, il sera trop dur, pour les enfants du premier lit, de voir leur beau-père ou leur belle-mère vivre des fruits de leurs biens. De là une cause de désunion entre les enfants des deux mariages.

La majorité a répondu : L'article 767 du Code civil n'oblige pas le survivant qui contracte un second mariage, à restituer les biens qu'il avait recueillis. Il est vrai que le fisc seul eût profité de cette déchéance, excepté dans le cas où l'époux n'aurait exclu l'enfant naturel qu'en vertu de l'article 337 du Code civil. Mais dans le projet de M. Delsol, qui donne la moitié en propriété au conjoint lorsque les parents sont au delà du sixième degré, est-il conséquent de dépouiller le survivant qui se remarie, s'il n'a recueilli que de l'usufruit, et de ne pas le dépouiller s'il a succédé en propriété ? Un tel défaut de concordance ne révèle-t-il pas ce qu'il y a d'arbitraire dans la déchéance proposée ?

La perte légale des droits de succession au cas de convol ne peut s'expliquer que par l'idée de punir le conjoint qui se remarie, ou par celle de respecter la volonté tacite du défunt. Punir le fait de se remarier, serait porter atteinte à une liberté naturelle. Sous-entendre une clause de révocation, serait présumer, chez le défunt, une volonté que le devoir ne saurait toujours justifier. En effet, le premier mourant des époux a des obligations de reconnaissance et d'assistance à remplir envers son conjoint. Il ne peut, en conscience, subordonner l'accomplissement de ces devoirs au maintien du veuvage, que si l'âge, le caractère, la situation de famille et de fortune du survivant défendent à celui-ci de se remarier. La loi ne peut substituer à une appréciation si délicate une décision absolue. Elle imposerait au premier mourant l'obligation morale, singulièrement pénible à remplir, de relever expressément son époux de la déchéance légale.

En vain on invoque, à titre d'analogie, les privations de droit prononcées déjà par la loi contre l'époux qui se remarie. Ces déchéances se justifient par des raisons spéciales qui ne trouvent pas ici leur application. La mère, usufruitière légale des biens de ses enfants, perd son droit de jouissance lorsqu'elle se remarie, parce que le législateur a fait l'attribution de l'usufruit paternel ou maternel avec la charge expresse de pourvoir à la nourriture, à l'entretien, à l'éducation des enfants selon leur fortune. Il craint dès lors que la mère remariée, subjuguée par ses nouvelles affections et placée dans la dépendance de son second mari, ne laisse distraire de leur destination principale les revenus des enfants du premier lit. Cette déchéance est déjà rigoureuse. Celle que l'on propose le serait bien plus ; car, ici, la loi enlèverait au survivant une libéralité qu'elle présume avoir été faite par le premier mourant, et que le survivant recueille, pour lui-même, sans aucune charge. Enfin, c'est au profit de ses enfants que la mère qui convole perd son usufruit. Ici les héritiers quelconques du prédécédé gagneraient la jouissance dont serait privé le survivant. Il est vrai que la belle-mère qui se remarie perd le droit à la pension alimentaire, qu'elle pouvait demander à son gendre ou à sa bru, et cela, parce qu'elle entre dans une nouvelle famille qui lui donnera l'assistance que lui aurait fournie la première. Mais le droit *ab intestat* de l'époux vient d'une libéralité présumée ; ce droit n'est pas une pension alimentaire ; il est donc indépendant du besoin, et ne doit pas s'éteindre par cela seul que le survivant a de nouvelles ressources.

Les enfants du premier lit sont d'ailleurs protégés contre l'excès des libéralités tacites laissées au nouveau conjoint. Le projet de M. Delsol y pourvoit par cette disposition à laquelle nous avons adhéré : « Si le défunt « laisse des enfants nés d'un précédent mariage, l'usufruit sera d'une part « d'enfant le moins prenant, sans que cette part puisse excéder le quart « des biens (1). »

Plusieurs lois étrangères privent le survivant qui se remarie, même de la pleine propriété à laquelle il a succédé. Mais, parmi ces lois, l'une des dernières et des meilleures (2), le Code civil italien, n'enlève les droits légaux ou conventionnels qu'à la veuve qui se remarie dans les dix mois de viduité (3). Disposition bien plus acceptable que la déchéance absolue, et qui ne serait pas souvent appliquée, l'officier de l'état civil devant attendre l'expiration de ces dix mois pour célébrer le nouveau mariage.

La dernière loi sur les droits des héritiers des auteurs prononce la déchéance contre le survivant qui se remarie (4) ; mais la loi générale sur les pensions civiles du 9 juin 1853 ne contient pas cette déchéance (5-6).

---

(1) Compar. M. Boissonade, *loc. cit.*, p. 567.

(2) Compar. *le Code civil italien et le Code Napoléon*, par M. Th. Huc, t. I, p. 196 ; — M. Gide, *Revue historique*, année 1866, p. 413.

(3) Art. 57 et 128 ; traduction de M. Orsier, p. 29 et 34.

(4) Loi du 14 juillet 1866.

(5) Compar. M. Boissonade, *loc. cit.*, p. 361.

(6) La Faculté a rejeté, à la majorité de neuf voix contre quatre, la déchéance absolue, et, à la majorité de sept voix contre six, la déchéance restreinte au cas où le prédécédé a laissé des enfants.

IX. — L'obligation légale du rapport n'existera pas entre le conjoint et les autres successeurs.

Le projet de M. Delsol ne déroge pas au droit commun, en ce qui touche le rapport à succession. Le conjoint serait donc soumis au rapport et pourrait le réclamer.

La Faculté est d'avis, à la majorité, d'insérer dans le projet une disposition d'après laquelle l'époux ne pourra demander le rapport et n'y sera pas assujetti.

La minorité a fait valoir en faveur du projet, c'est-à-dire du rapport réciproque, que le but de la loi, relever la condition du conjoint, ne saurait être atteint, si le conjoint, en matière de rapport, était mis hors du droit commun, et se voyait refuser ce qui appartient même aux enfants naturels; que l'usage de plus en plus général, encouragé par les notaires, restreint à des proportions minimes les avantages stipulés dans le contrat de mariage ; que cette sage pratique serait abandonnée lorsqu'on verrait, par l'application de la nouvelle loi, l'époux réduit, en présence d'enfants dotés, à prendre son tiers en usufruit sur ce qui resterait dans la succession *ab intestat* du prédécédé ; que cette succession pourrait, soit par suite de revers de fortune, soit parce que le prédécédé jouissait d'un traitement, d'une pension de retraite, d'un usufruit, être inférieure au tiers de la masse formée des biens existants dans la succession et des biens donnés aux enfants en avancement d'hoirie ; que si, parmi les enfants laissés par le prémourant, il en était, ce qui arriverait souvent, qui n'eussent pas encore été dotés, le survivant partagerait avec ces enfants, exercerait son usufruit sur leurs biens, tandis qu'il ne pourrait le réclamer sur les biens des enfants déjà dotés, d'où une inégalité au préjudice des enfants non dotés; que l'amendement amènerait, de plus, une grave complication dans les liquidations de succession, puisque les biens rapportés par les enfants dotés aux enfants non dotés seraient remis dans la masse en pleine propriété, tandis que les biens existants n'y figureraient que frappés de l'usufruit du survivant ; enfin, que la disposition proposée donnerait à chaque conjoint un intérêt à détourner son époux du projet de faire des avancements d'hoirie; que, sans doute, cette prévoyance égoïste répugnerait à un père ou à une mère, mais que, souvent, elle inspirerait un oncle ou une tante par alliance.

D'autres motifs ont touché la majorité de la Faculté. Elle a pensé que l'intention du premier mourant sera que le droit du survivant ne dépasse pas la jouissance des biens qui n'auront pas été donnés ; en d'autres termes, que ce conjoint ne recueille *ab intestat* que ce qui, aujourd'hui, peut lui être donné par testament; — que l'obligation réciproque du rapport amènerait une grande perturbation dans la fortune du survivant, qui devrait rapporter ce qu'il aurait reçu de son conjoint, même par contrat de mariage, et dans la fortune de l'enfant, surtout de l'enfant unique, qui serait tenu de se dessaisir, quant à la jouissance, des biens qui, depuis longtemps déjà, lui auraient appartenu en pleine propriété; — que le droit du conjoint est un droit de succession *sui generis;* que, dès lors, ce droit peut être placé, à certains égards, en dehors des règles communes; — que si, parfois, les biens existants dans la succession ne fournissent pas au conjoint la quotité légale de son usufruit, et que la jouissance à laquelle il est appelé soit insuffisante pour le faire vivre, ce conjoint aura la ressource de réclamer, sur la succession, la pension alimentaire que la Faculté propose de lui accorder (1).

X. — Disposition qui préviendrait l'inconvénient de frapper d'usufruit tous les biens héréditaires.

Le projet de M. Delsol ne contient aucune disposition qui permette, dans les liquidations de succession, de demander que l'usufruit du conjoint ne porte pas sur tous les biens héréditaires.

La Faculté craint que ce résultat de la loi ne compromette la paix des familles et ne gêne le développement de la fortune publique. Elle est d'avis, à l'unanimité, qu'il y a lieu d'emprunter au Code civil italien, en la modifiant, une disposition ainsi conçue : « Il est loisible aux héritiers

(1) La dispense réciproque du rapport a été votée par sept voix contre six.

« d'acquitter les droits de l'époux survivant, ou moyennant la consti-
« tution d'une rente viagère, ou moyennant l'assignation des fruits
« de biens immeubles ou de capitaux héréditaires à déterminer d'un
« commun accord, ou par l'autorité judiciaire, eu égard aux circons-
« tances du cas. — Jusqu'à ce qu'il soit désintéressé de sa portion,
« l'époux survivant conserve ses droits d'usufruit sur tous les biens
« héréditaires (1). »

La Faculté, à la majorité, propose, pour ne pas mettre l'époux survivant dans une situation inférieure, de lui donner également le droit que le Code italien n'accorde qu'aux héritiers. La Faculté pense aussi qu'il est bon de dire expressément que le tribunal, s'il admet la conversion de l'usufruit du conjoint sur tous les biens en une jouissance sur certains biens héréditaires ou en une rente viagère, peut établir, en faveur du survivant, telle garantie qu'il juge convenable.

XI. — Le survivant qui sera dans le besoin pourra réclamer des aliments sur la succession de son conjoint prédécédé

Le projet de M. Delsol est muet sur le droit du survivant à une pension alimentaire.

La Faculté est d'avis, à une grande majorité et après une discussion approfondie, que cette pension soit accordée.

La minorité qui résistait à l'établissement de la pension, a dit : La reconnaissance d'un droit de succession en faveur du conjoint, même lorsque le prédécédé laisse des enfants, est une amélioration considérable du sort de l'époux survivant. Le projet de M. Delsol a sagement fait de s'arrêter là et de n'accorder au conjoint ni réserve ni pension alimentaire. Personne, dans la Faculté, ne réclame l'établissement d'une réserve; il ne faut pas non plus accorder une pension alimentaire ; on se jetterait dans des difficultés peut-être inextricables. De deux choses l'une : la pension serait refusée ou accordée une fois pour toutes lors de l'ouverture de la

(1) Traduction de M. Orsier, *le Code civil italien et le Code Napoléon*, t. II, p. 185.

succession, ou bien cette pension pourrait toujours être réclamée, diminuée ou supprimée, en un mot, serait variable suivant la situation de l'époux survivant et la valeur des biens laissés par le prédécédé. Accorder ou refuser la pension, une fois pour toutes, serait déroger à la règle qui gouverne, d'après la nature même des choses, les pensions alimentaires légales, art. 208 C.C. Ce serait de plus exposer la loi à consacrer des résultats injustes. Le survivant, qui n'aurait pas eu besoin d'aliments à la mort de son conjoint, ne pourrait si, peu de temps après, il tombait dans la misère, réclamer de la succession la pension qui lui serait indispensable. Au contraire, devînt-il riche, il continuerait à toucher les arrérages de la pension qui lui aurait été allouée au moment de l'ouverture de la succession, parce qu'alors il en avait besoin. — Si l'on applique aux aliments du conjoint survivant le droit commun des dettes alimentaires légales, le droit à la pension naît et s'éteint chaque fois que le créancier devient pauvre ou qu'il cesse de l'être; les aliments ne sont accordés que dans la proportion du besoin de celui qui les réclame et la fortune de celui qui les doit. Ne voit-on pas que l'éventualité d'un règlement de pension alimentaire tiendra les héritiers de l'époux prédécédé, jusqu'à la mort de l'époux survivant, dans la plus fâcheuse incertitude? Comment, d'ailleurs, lorsque les biens auront été partagés entre de nombreux successeurs, constater, plusieurs années après le décès, la valeur de l'ensemble de la succession, pour fixer, augmenter ou diminuer le chiffre de la dette d'aliments réclamée de cette succession?

Sans doute, le survivant qui demeure dénué de ressources doit être secouru; mais le Code y pourvoit. Il assujettit les descendants à la dette alimentaire envers les ascendants. On tombera dans des complications sans fin, si, à côté du droit que peut avoir le survivant de demander des aliments à ses enfants, héritiers du prédécédé, on vient placer, comme distinct, le droit, pour le même survivant, de réclamer une pension alimentaire sur la succession. Et comment concilier ce dernier droit avec l'obligation imposée par le Code au père ou à la mère de fournir, s'il y a lieu, des aliments à ces mêmes enfants? Ils pourraient être, à la fois, détenteurs de la succession qui devrait au survivant des aliments, et créanciers d'aliments contre ce dernier. — Si, lors du décès du premier mourant, ses enfants et son conjoint sont dans le besoin, le survivant prélèvera-t-il sa pension sur la succession, au risque de laisser les enfants dans la misère? — Ne craint-on pas de faire naître les plus tristes procès? Déjà, dans la ligne directe, la réclamation des aliments donne lieu à des scandales judiciaires; et cependant, l'affection et le respect atténuent, entre ascendants et descendants, les duretés de l'intérêt et les emportements de la cupidité. Que sera-ce lorsque le survivant devra disputer à des collatéraux les lambeaux de sa créance alimentaire? Enfin, laissera-t-on au prémourant le droit d'exclure le survivant du droit à la pension? Cette pension sera-t-elle refusée au conjoint contre lequel la séparation de corps aurait été prononcée?

La majorité de la Faculté ne s'est pas laissée décourager par le tableau de ces difficultés. Elle a pensé que, s'il est malaisé de faire une très-bonne loi sur ce point, il est impossible de maintenir la loi actuelle, dès qu'il est établi qu'elle est injuste. Or, pour la Faculté, cette preuve est faite; elle est écrite, notamment, dans l'*Exposé des motifs* du projet de M. Delsol.

L'honorable député dit, pour justifier sa proposition : « Supposez que « l'époux prédécédé ait seul de la fortune, et que, surpris par la mort, il « n'ait pas eu le temps d'assurer, par acte entre-vifs ou testamentaire, le « sort de son conjoint survivant, celui-ci n'aura rien à prétendre sur les « biens du défunt, si considérables qu'ils puissent être et si grand que soit « son propre dénûment. Après avoir vécu dans le bien-être, quelquefois « dans l'opulence, l'époux survivant verra toute la fortune de son conjoint « s'en aller aux mains de ses héritiers naturels, et il sera réduit à passer le « reste de sa vie dans la gêne et la pauvreté (1). »

(1) *Proposition de loi présentée par M. Delsol* (Exposé des motifs), p. 1 et 2.

Ce spectacle douloureux se produirait sous la loi nouvelle, si la loi n'établissait qu'un droit de succession *ab intestat*, non garanti d'ailleurs par une réserve.

Les législations étrangères, au niveau desquelles le projet veut, comme nous le voulons, replacer la loi française, accordent presque toutes au survivant soit une réserve, soit la quarte du conjoint pauvre, soit une pension alimentaire.

Déjà en 1851, la Commission de l'Assemblée Nationale, saisie du projet de loi qui donnait au conjoint indigent un droit de succession, déclarait, tout en proposant de rejeter ce projet, « qu'il y avait dans les souvenirs du « droit romain et du droit coutumier, dans les exemples des nations voi- « sines, dans les traces de la discussion du Code civil, dans les tendances « de la jurisprudence et dans le vœu des auteurs, la preuve d'un besoin « réel, d'une lacune regrettable.... qu'il n'est ni humain ni juste que l'époux « survivant ne trouve pas, lorsqu'il reste seul et qu'il devient vieux ou « infirme, quelques secours dans cette fortune laissée par le prémourant, « que son travail et son économie ont contribué à former dans le temps de « sa jeunesse et de sa force (1). »

Mais, dit-on, il est impossible, soit d'appliquer à la pension alimentaire du survivant le droit commun des dettes alimentaires légales, soit d'y déroger. — Cependant l'article 762 du Code civil accorde des aliments aux enfants incestueux ou adultérins, et, sans soulever de critique, cette disposition est entendue comme dérogeant au droit commun des pensions alimentaires. « L'obligation alimentaire (de l'art. 762), dit M. De- « molombe, doit se liquider en une fois, entre la succession et l'enfant « adultérin ou incestueux, et elle n'est, après cela, susceptible ni d'aug- « mentation ni de réduction, quels que soient les changements qui puis- « sent survenir dans la position des héritiers ou autres successeurs et dans

(1) Rapport de M. Victor Lefranc, *Revue de législation et de jurisprudence* (nouvelle collection), t. XLI, p. 332.

« celle de l'enfant. Le législateur n'a certes pas voulu entretenir et perpé- « tuer entre eux de telles relations qui n'auraient d'ailleurs aucune « base. (1) » M. Demolombe suit, au surplus, l'opinion commune, d'après laquelle l'enfant incestueux ou adultérin n'a droit à la pension alimentaire sur les biens de ses père et mère, que s'il est dans le besoin au moment où s'ouvre leur succession (2).

A l'objection que le survivant des époux peut, s'il est sans ressources, exiger de ses enfants le service de la dette alimentaire; que dans la fortune des enfants se trouvent les biens du conjoint prédécédé; qu'il est inutile et qu'il sera fâcheux d'avoir à distinguer entre la pension due par la succession et la pension due par les enfants, la Faculté répond que l'objection ne peut être soulevée toutes les fois qu'il ne reste pas d'enfants du mariage; que, dans le cas même où la succession de l'époux prédécédé est recueillie par des enfants communs, il est dur, pour le survivant, d'être réduit, en présence de la succession de son conjoint, et quelque riche que soit cette succession, à réclamer des aliments de ses enfants, c'est-à-dire, sous peine de plaider, à dépendre, plus ou moins, de leur bon vouloir. La complication que l'on redoute, à raison de la coexistence de la créance alimentaire sur la succession et du droit aux aliments contre les enfants, n'a rien d'effrayant. De même qu'aujourd'hui l'obligation alimentaire, dont les époux sont tenus l'un envers l'autre, passe avant celle des autres débiteurs légaux (3), de même le survivant des époux devra demander les aliments, d'abord à la succession de son conjoint, subsidiairement à ses enfants. Le droit des enfants de réclamer, s'il y a lieu, la pension alimentaire due par leur père ou par leur mère, ne sera nullement compromis. Revenu à meilleure fortune, le survivant

(1) T. XIV, n° 127.

(2) Compar. MM. Aubry et Rau, *Cours de droit civil français* (4e édition), t. VI, p. 225, note 28.

(3) MM. Aubry et Rau, *loc. cit.*, p. 102, note 12; — Arrêt de la Cour de Paris, 9 décembre 1873 (Morillon), *Gazette des Tribunaux*, 6 mars 1874.

sera tenu de secourir ses enfants, et, dans ses biens, devra être comptée la pension qu'il continue de toucher sur la succession du prédécédé.

Les adversaires de la pension alimentaire supposent qu'au décès du premier mourant ses enfants et son conjoint sont dans le besoin; ils demandent si le survivant prélèvera sa pension sur la succession, au risque de laisser les enfants dans la misère. Nous répondons, avec une loi romaine : « *Bonus judex varie ex personis causisque constituet.* » La loi contiendra ces mots : Les aliments sont réglés eu égard à la force de la succession, au nombre et *à la qualité des héritiers.* Enfin nous disons, avec Montaigne : « La nécessité et l'indigence est beaucoup « plus malséante et malaysée à supporter aux mères qu'aux masles : il « faut plutôt en charger les enfants que la mère (1). » Ce qui est vrai de la mère est vrai du père, vieux ou infirme.

On redoute les procès. Un arrangement amiable, à son défaut, un règlement fait par le juge, liquidera et asseoira la pension du survivant de façon à prévenir les difficultés entre le survivant et les héritiers détenteurs de la succession débitrice. Le conjoint aura un moyen facile d'empêcher, avant le règlement de son droit, la confusion des biens héréditaires avec les biens personnels des héritiers, et d'éviter l'épuisement de la succession par les créanciers personnels des héritiers; il invoquera le bénéfice accordé par le Code à tous les créanciers de la succession : la séparation des patrimoines.

S'il est sage de craindre ce qui peut jeter du trouble dans les familles, il n'est pas moins sage et il est juste de prévenir le scandale qui peut se produire sous la loi actuelle : le survivant réduit à invoquer la charité privée ou publique, à côté d'une riche succession laissée par son conjoint. — Mais, en fait, ce scandale est très-rare! — La loi nouvelle ne s'appliquera que dans les cas où ce scandale pourrait avoir lieu.

---

(1) *Essais*, liv. II, chap. VIII, *De l'affection des pères aux enfants* : à Mme d'Estissac.

Enfin, on craint, étant admise la pension alimentaire, d'avoir à décider : si le prémourant pourra exclure le survivant du droit à la pension ; si l'époux contre lequel la séparation de corps aura été prononcée, sera déchu de ce même droit. La jurisprudence et la doctrine actuelles permettent de trancher ces questions sans se jeter dans de périlleuses nouveautés. Un ascendant ou un descendant, héritier présomptif, se rend-il coupable d'une faute assez grave pour qu'elle entraîne contre lui l'indignité, cependant il ne perd pas le droit de demander des aliments à ce descendant ou à cet ascendant. Telle est du moins l'opinion d'éminents auteurs. « La loi, dit M. Demolombe, ne saurait admettre un tel excès de représailles ! (1) » La loi nouvelle, se rappelant que refuser les aliments c'est compromettre la vie, n'autoriserait pas non plus le prémourant à priver son conjoint de la pension alimentaire.

Aujourd'hui, la jurisprudence et la majorité des auteurs décident que les aliments sont dus même à l'époux contre lequel la séparation de corps a été prononcée (2). La loi nouvelle ne prononcerait pas une déchéance qui serait inconciliable avec cette humaine décision.

La reconnaissance du droit à la pension mettrait fin à une bizarrerie qui résulte de l'état actuel de la législation. L'obligation alimentaire, attachée à la qualité d'époux par l'art. 212 du Code civil, s'éteint avec cette qualité ; le survivant ne peut demander des aliments à la succession du prédécédé ; telle est la jurisprudence. Mais si l'époux qui obtient la séparation de corps, fait condamner son conjoint à lui servir une pension alimentaire, et qu'il survive, la succession du prédécédé continue de lui devoir la pension. C'est la conséquence que la jurisprudence a tirée de l'art. 301

---

(1) T. IV, n° 51.

(2) Voy. Rej. Ch. civ., 30 août 1864, Devilleneuve et Carette, 64, I, 487 ; — et surtout, *ibid.* arrêt de la Cour de Rennes, 2 juin 1862 (de la Moussaye). — Compar. MM. Demolombe, T. IV, n° 501 ; — Aubry et Rau, t. V, p. 199, note 6 (4e édition) ; — Valette, *Cours de Code civil*, t. I, p. 322.

du Code civil (1). Est-il raisonnable que les moyens d'existence du survivant dépendent de ces circonstances : il y a eu ou il n'y a pas eu séparation de corps, il y avait ou il n'y avait pas lieu, à l'époque de la séparation, d'allouer au demandeur une pension alimentaire ?

Désireuse d'éviter les complications inutiles, la Faculté propose de décider que le survivant ne pourra obtenir cumulativement l'usufruit et la pension alimentaire.

TROISIÈME PARTIE.

La Faculté n'a pas cru, Monsieur le Garde des Sceaux, sortir du programme que lui traçait l'objet de la proposition soumise à son examen, en exprimant un vœu sur un point connexe à cette proposition.

Nous demandons que le législateur, saisi du projet de M. Delsol, mette la loi du 14 juillet 1866, relative aux droits des héritiers et ayants cause des auteurs, en harmonie avec la loi sur les droits de succession du conjoint, telle que nous proposons de la rédiger. Il importe aussi que le législateur comble les lacunes que présente la loi de 1866, en ce qui regarde le conjoint survivant.

(1) Voy. Arrêt de cassation, 2 avril 1861 (Féron), Devill. et Car., 61, I, 410 ; — Arrêt de la Cour de Paris, 27 novembre 1873 (de Bénac), *Journal le Droit*, du 1er janvier 1874. — Compar. la note de M. Dutruc sur l'arrêt Féron, *loc. cit.*

L'usufruit que cette loi donne à l'époux sur les droits d'auteur laissés par son conjoint prédécédé, serait nécessairement absorbé par l'usufruit de la succession entière, toutes les fois que le prédécédé n'aurait pour successeurs ni enfants, ni ascendants, ni frères, ni sœurs ou descendants d'eux. Dans les autres cas, le survivant ne pourrait cumuler l'usufruit partiel que lui donnerait la loi nouvelle sur l'ensemble de la succession, avec l'usufruit exclusif que lui confère sur les droits d'auteur la loi de 1866. En exprimant cette limitation, le texte révisé accorderait au survivant, conformément à l'esprit de la loi de 1866, la faculté de réclamer l'usufruit des droits d'auteur, à la charge d'imputer cette jouissance sur la part d'usufruit à laquelle il serait appelé par le nouvel art. 767 du Code civil.

La loi de 1866, supposant le prédécès de l'auteur, compositeur ou artiste, donne à son conjoint survivant la jouissance de la partie des droits qui n'appartient pas à ce conjoint en vertu de son contrat de mariage; mais la loi est muette sur les droits de l'auteur même, lorsqu'il survit. Il conviendrait d'ajouter au texte de 1866 que, dans le cas où l'auteur survit, il aura l'usufruit de la portion de ses droits d'auteur, qui se trouve dans la succession de son conjoint prédécédé, à la charge d'imputer cette jouissance sur la part d'usufruit à laquelle il est appelé dans l'ensemble de la même succession.

La Faculté pense qu'il faudrait aller plus loin en faveur de l'auteur survivant, et lui reconnaître, dans la loi, un droit que réclament déjà pour lui de savants interprètes.

MM. Duranton, Rodière et Pont, Troplong..... ont écrit que, lorsque des droits d'auteur sont tombés dans la communauté, l'auteur a la faculté, dans la liquidation, de reprendre ses droits d'auteur, comme il reprendrait son office, en faisant raison à la communauté de la valeur de sa reprise (1). Contestable en présence des textes actuels, cette décision

(1) M. Duranton, t. XIV, n° 132; — MM. Rodière et Pont, *Traité du contrat de mariage*, n° 363; — M. Troplong, *Contrat de mariage*, t. I, n° 434.

mérite d'être consacrée par la loi. « Il faut, dit très-justement M. Troplong, favoriser toutes les combinaisons qui conservent à l'auteur les « prérogatives qui sont dans l'intérêt de l'art et la dignité de l'écrivain (1). »

Enfin, d'après la loi de 1866, la jouissance du survivant cesse dans le cas où il contracte un nouveau mariage. Cette disposition serait supprimée, si, comme le demande la Faculté, la loi générale ne faisait pas déchoir de ses droits le veuf ou la veuve qui se remarie.

MONSIEUR LE GARDE DES SCEAUX,

La Faculté a résumé, en quelques articles de loi, les propositions dont elle vient de vous soumettre les motifs. Elle joint le texte de ces articles aux observations sur le projet de M. Delsol, qu'elle a eu l'honneur de vous présenter.

Relativement à la forme de la loi à faire, la Faculté pense, avec M. Delsol, qu'il y a lieu de suivre l'exemple donné par le législateur lui-même, en 1807 (2), en 1832 (3), deux fois en 1850 (4), et d'insérer les dispositions nouvelles dans le texte du Code civil. L'innovation sera plus rapidement et plus généralement connue, si le Code la contient, que si les règles nouvelles forment une loi spéciale.

---

(1) *Loc. cit.* — Compar. art. 1509 Code civ.

(2) Art. 896 Code civ.

(3) Art. 164 Code civ.

(4) Art. 75, 76, 1391, 1394; — et art. 313 Code civ.

C'est peut-être un devoir pour le législateur de respecter, autant que possible, la pensée des auteurs de notre loi fondamentale, en conservant au Code le grand caractère de loi civile des Français, complète ou presque complète.

PROJET DE M DELSOL.	PROJET DE LA FACULTÉ DE DROIT DE PARIS.
ART. 753 NOUVEAU. Ajouter à la fin de l'article ces mots : Sauf ce qui sera dit ci-après pour le conjoint survivant.	
	NOUVEL ART. 754. Dans le cas de l'article précédent, le père ou la mère survivant a l'usufruit du tiers des biens auquel il ne succède pas en propriété. Cet usufruit est primé par celui du conjoint survivant; il s'exerce dans le cas où l'usufruit du survivant vient à s'éteindre (1).
ART. 755 NOUVEAU. Ajouter à la fin de l'article ce paragraphe : Dans le cas où le défunt laisse son conjoint, celui-ci succède à la moitié des biens, s'il n'y a pas eu contre lui de jugement de séparation de corps et que	

(1) Voir les motifs, *supra*, p. 27.

les parents soient au delà du sixième degré.

Ajouter au texte actuel de l'art. 757 :

Si le défunt laisse des enfants légitimes, des enfants naturels et son conjoint, celui-ci a l'usufruit du tiers des biens dévolus aux enfants légitimes. — Dans le même cas, s'il y a des enfants d'un précédent mariage, il a sur les biens dévolus aux enfants légitimes, la portion déterminée par l'art. 767, 2e alinéa (1).

Si le défunt laisse des ascendants ou des frères et sœurs, des enfants naturels et son conjoint, ce dernier a l'usufruit de la moitié des biens (2).

Si le défunt ne laisse ni descendants, ni ascendants, ni frères et sœurs, mais des enfants naturels et son conjoint, celui-ci a l'usufruit de la moitié des biens. Cette jouissance se prend d'abord sur la part des collatéraux (3).

ART. 758 NOUVEAU.

Ajouter à la fin de l'article ces mots : Ou de conjoint survivant.

AJOUTER A L'ART. 758 :

Dans le cas du présent article, le conjoint survivant a l'usufruit de la moitié des biens (4).

---

(1) *Supra*, p. 28.
(2) *Supra*, p. 29.
(3) *Supra*, p. 30.
(4) *Supra*, p. 30.

AJOUTER A L'ART. 765 :

Dans le cas du présent article, le conjoint survivant a l'usufruit de la moitié des biens, s'il concourt avec les père et mère naturels; — et les trois quarts, s'il concourt avec l'un d'eux seulement (1).

AJOUTER A L'ART. 766 :

Dans le cas du présent article, le conjoint survivant a l'usufruit de la moitié des biens dévolus, soit aux frères et sœurs naturels ou à leurs descendants, soit aux frères et sœurs légitimes (2).

ART. 767 NOUVEAU.

Lorsque le défunt ne laisse ni parents au degré successible, ni enfants naturels, les biens de sa succession appartiennent pour le tout au conjoint qui lui survit, et contre lequel il n'y a pas eu jugement de séparation de corps.

Dans tous les cas, le conjoint survivant a sur les biens de l'époux décédé un droit d'usufruit réglé ainsi qu'il suit :

Si le défunt laisse des enfants communs, l'époux qui survit a l'usufruit d'une part d'enfant légitime, sans que

NOUVEL ART. 767.

I. — Si le défunt laisse un ou plusieurs enfants issus du mariage, le conjoint a l'usufruit du tiers des biens (3).

II. — Si le défunt laisse des enfants nés d'un précédent mariage, l'usufruit du conjoint est d'une part d'enfant légitime le moins prenant, sans que cet usufruit puisse frapper plus du quart des biens (4).

III. — Si, à défaut d'enfants légitimes, le défunt laisse des ascendants dans les deux lignes, ou si, à défaut de ses père

(1) *Supra*, p. 31.

(2) *Supra*, p. 31.

(3) *Supra*, p. 22.

(4) *Supra*, p. 18

cette part puisse être moindre que le quart des biens.

Si le défunt laisse des enfants nés d'un précédent mariage, l'usufruit sera d'une part d'enfant légitime le moins prenant, sans que cette part puisse excéder le quart des biens.

S'il n'y a point d'enfants, et que l'époux n'ait pas le droit de concourir avec les héritiers légitimes, l'usufruit sera de la moitié de la succession.

Néanmoins, l'usufruit ne pourra être réclamé par l'époux contre lequel la séparation de corps aurait été prononcée, et il cessera dans le cas d'un second et subséquent mariage.

et mère, il laisse des frères et sœurs légitimes ou descendants d'eux, ou s'il laisse son père, sa mère et des frères et sœurs, ou s'il laisse son père seulement ou sa mère seulement et des frères et sœurs ou descendants d'eux, le survivant a l'usufruit de la moitié. Cette jouissance se prend sur la portion afférente aux frères et sœurs ou descendants d'eux (1).

IV. — Le conjoint survivant a l'usufruit des trois quarts, si, à défaut de descendants, et de frères et sœurs ou de descendants d'eux, le défunt ne laisse d'ascendants que dans une ligne (2).

V. — L'usufruit du conjoint s'étend aux biens que recueillent l'adoptant ou ses descendants, ou l'ascendant donateur, en vertu des art. **351**, **352** et **747** (3).

VI. — A défaut de descendants, d'ascendants, de frères et sœurs ou descendants d'eux, de l'adoptant ou descendants de l'adoptant, le conjoint succède à la totalité des biens en usufruit seulement (4).

VII. — Jusqu'au partage définitif, ou, s'il n'y a pas lieu à partage, dans les six mois à compter de l'ouverture de la succession, le survivant des époux et chacun des autres héritiers peuvent demander, et le tribunal peut ordonner

---

(1) *Supra*, p. 18, 24-26.

(2) *Supra*, p. 26.

(3) *Supra*, p. 27.

(4) *Supra*, p. 26.

que le conjoint soit désintéressé, quant à sa portion en usufruit, par une assignation de jouissance sur un ou plusieurs biens héréditaires ou par la constitution d'une rente viagère. Dans ce dernier cas, le tribunal peut établir, en faveur du conjoint, telle garantie qu'il juge convenable (1).

VIII. — L'époux survivant n'a de droit que sur les biens laissés par son conjoint au jour de son décès ; il ne peut demander le rapport aux héritiers, et n'est pas soumis au rapport vis-à-vis d'eux. Mais, sur le montant de leurs droits respectifs, l'époux survivant et les héritiers sont tenus d'imputer tout ce qu'ils ont reçu du défunt directement ou indirectement (2).

IX. — A défaut de parents légitimes ou naturels au degré successible, le conjoint succède à la totalité des biens en pleine propriété (3).

X. — Le conjoint ne succède ni en propriété ni en usufruit, lorsqu'il existe, au moment du décès, une séparation de corps prononcée contre ce conjoint par un jugement passé en force de chose jugée (4).

---

(1) *Supra*, p. 36.
(2) *Supra*, p. 35.
(3) *Supra*, p. 20.
(4) *Supra*, p. 16.

XI. — La succession du conjoint prédécédé doit des aliments au conjoint survivant qui est dans le besoin. — Le survivant ne peut obtenir cumulativement la pension alimentaire, et l'usufruit auquel il est appelé par le présent article. — Les aliments sont réglés eu égard à la force de la succession, au nombre et à la qualité des successeurs du conjoint prédécédé. — Le règlement de cette pension, une fois fait, est définitif (1).

LOI DU 14 JUILLET 1866, SUR LES DROITS DES HÉRITIERS ET DES AYANTS CAUSE DES AUTEURS.

Les alinéas 2, 3 et 4 de la loi du 14 juillet 1866 seront remplacés ainsi qu'il suit (2) :

Pendant cette période de cinquante ans, le conjoint survivant, quel que soit le régime matrimonial, et indépendamment des droits qui peuvent résulter en sa faveur du régime de la communauté, peut réclamer la jouissance des droits d'auteur qui se trouvent dans la succession *ab intestat* de l'auteur prédécédé. Cette jouissance s'impute sur la portion d'usufruit à laquelle le survivant est appelé par l'article 767 du Code civil, et ne s'étend pas au delà de cette portion.

---

(1) *Supra*, p. 37.

(2) *Supra*, p. 44.

Lorsque le survivant est l'auteur lui-même, il peut réclamer la jouissance de la portion de ses droits d'auteur qui se trouve dans la succession du prédécédé. Cette jouissance s'impute sur la part d'usufruit que l'auteur a le droit de prendre dans la succession de son conjoint, et ne peut excéder cette part.

Dans le cas où il y avait communauté entre les époux, l'auteur survivant peut reprendre sur la masse tous ses droits d'auteur, sauf à récompenser la communauté, ou, si c'est la femme renonçante qui exerce ce droit, à indemniser les héritiers du mari.

Les droits du conjoint survivant ne s'exercent pas, lorsqu'il existe au moment du décès une séparation de corps prononcée contre lui par un jugement passé en force de chose jugée.

Paris, le 19 mai 1874.

Le Rapporteur de la Faculté,

A. DUVERGER.

CHARLES DE MOURGUES Frères, Imprimeurs de la Faculté de Droit, rue Jean-Jacques Rousseau, 58.—3034

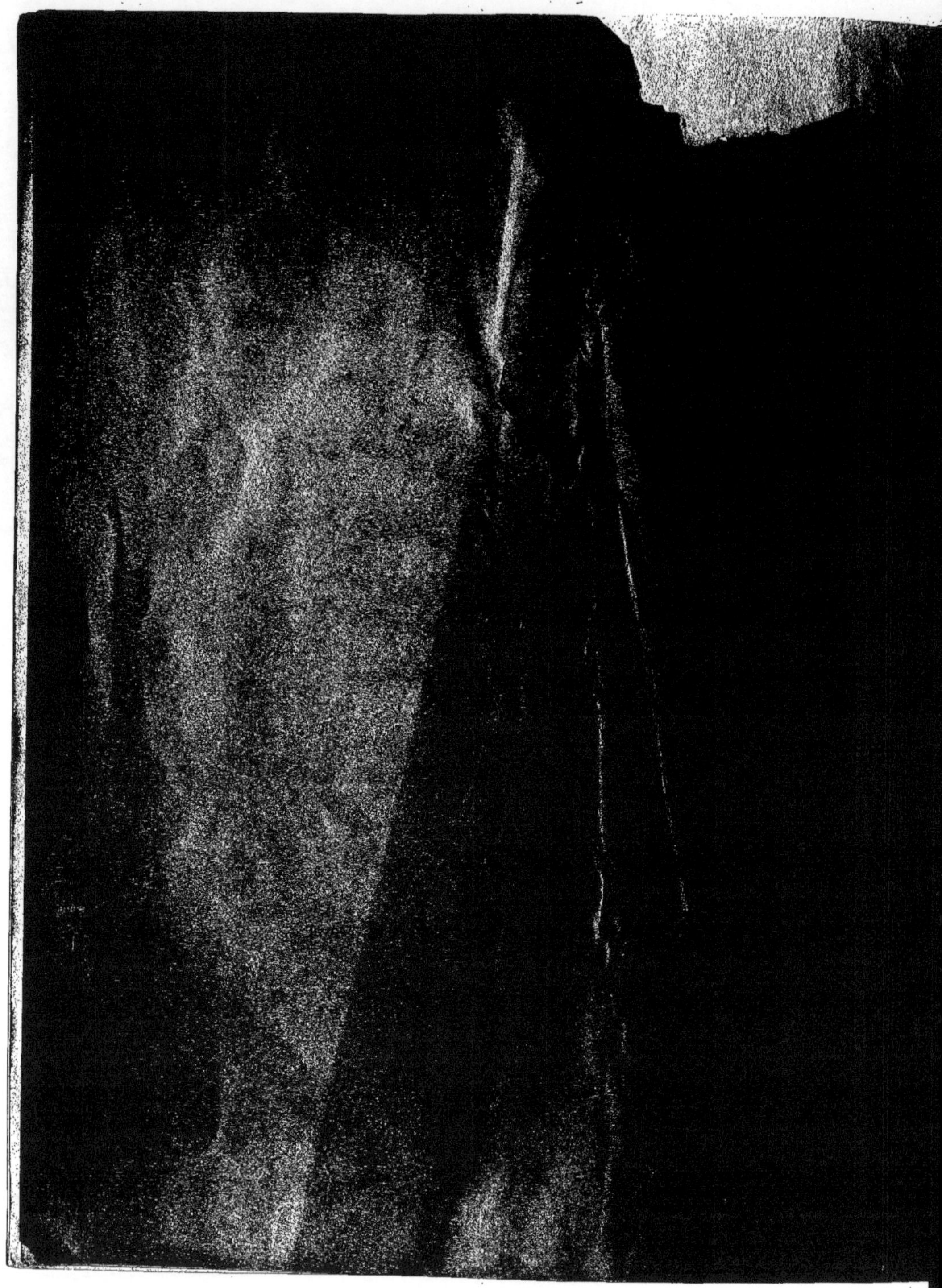

www.ingramcontent.com/pod-product-compliance
Ingram Content Group UK Ltd.
Pitfield, Milton Keynes, MK11 3LW, UK
UKHW020214200726
13856UKWH00004B/1377